AF620812

FRANCIS CHAN
com Danae Yankoski

# O DEUS ESQUECIDO

REVERTENDO NOSSA TRÁGICA NEGLIGÊNCIA
PARA COM O ESPÍRITO SANTO

Traduzido por OMAR DE SOUZA

mundocristão
São Paulo

Copyright © 2009 por Francis Chan
Publicado originalmente por David C. Cook, Colorado, EUA.

Os textos das referências bíblicas foram extraídos da *Nova Versão Internacional* (NVI), da Sociedade Bíblica Internacional, salvo indicação específica.
Todos os direitos reservados e protegidos pela Lei nº 9.610, de 19/02/1998.
É expressamente proibida a reprodução total ou parcial deste livro, por quaisquer meios (eletrônicos, mecânicos, fotográficos, gravação e outros), sem prévia autorização, por escrito, da editora.

*Dados Internacionais de Catalogação na Publicação (CIP)*
*(Câmara Brasileira do Livro, SP, Brasil)*

---

Chan, Francis

O Deus esquecido / Francis Chan com Danne Yankoski; traduzido por Omar de Souza. — São Paulo: Mundo Cristão, 2010.

Título original: Forgotten God.
ISBN 978-65-5988-067-6

1. Espírito Santo 2. Vida espiritual — Cristianismo I. Título.

10-00510 CDD-231.3

---

*Índice para catálogo sistemático:*
1. Espírito Santo: Teologia dogmática cristã 231.3
*Categoria:* Inspiração

Publicado no Brasil com todos os direitos reservados por:
Editora Mundo Cristão
Rua Antônio Carlos Tacconi, 69, São Paulo, SP, Brasil, CEP 04810-020
Telefone: (11) 2127-4147
www.mundocristao.com.br

1ª edição: março de 2010
Impressão digital sob demanda

*A Rachel,*
*minha filha e amiga:*
*você não pode imaginar como me sinto feliz*
*porque o Espírito de Deus vive em você.*
*Vamos segui-lo juntos, para sempre.*

## *Agradecimentos*

Lisa e as crianças — por me oferecerem apoio à medida que procuro orientar nossa família de acordo com a direção do Espírito Santo. Sei que isso nem sempre é muito fácil.

Os conselheiros e irmãos mais experientes da Igreja Cornerstone — por sua orientação paciente e dirigida pelo Espírito Santo em minha vida. Amo servir ao lado de vocês.

Danae — mais uma vez, eu não seria capaz de escrever este livro sem a sua ajuda. Seu dom é evidente, e admiro seu compromisso com o cristianismo autêntico e bíblico.

Don e Jenni, da D.C. Jacobson & Associates — por sua orientação.

A equipe da David C. Cook — por todo o trabalho que realizaram.

Jim — por desenhar uma capa tão legal. Todo mundo deveria fazer um *site* com ele: *www.CloverSites.com.* (Você me deve um bocado de *sushi* por essa propaganda.)*

Jesse e Reesh, Keith e Kristi, Gene e Sandra, Chris e Julie, Jim e Sherry, Ted e Sandy, Frank e Christy, Adam e Steph, Bill e Kathleen, Brice e Shelene, Mark e Jen, Doug e Frani, Kevin, Paul. Na verdade, vocês não ajudaram com nada, mas são bons amigos, e é sempre legal ver seus nomes impressos.


* Referência ao *design* da capa original, em inglês.

## *Sumário*

Introdução 7

CAPÍTULO 1
Já tenho Jesus. Por que preciso do Espírito Santo? 17

CAPÍTULO 2
Você tem medo de quê? 33

CAPÍTULO 3
A teologia fundamental do Espírito Santo 51

CAPÍTULO 4
Por que você o deseja? 69

CAPÍTULO 5
Um relacionamento verdadeiro 85

CAPÍTULO 6
Preocupe-se menos com a vontade de Deus para sua vida! 101

CAPÍTULO 7
Uma igreja sobrenatural 119

Uma palavra de encerramento 137

Notas 143

# *Introdução*

Você pode pensar que chamar o Espírito Santo de "Deus esquecido" é passar um pouco da conta. Talvez concorde que a igreja tem concentrado atenção demais em outras coisas, mas considere um exagero dizer que nos temos *esquecido* do Espírito Santo. Não acho que seja assim.

Do meu ponto de vista, o Espírito Santo é tristemente negligenciado e, em todos os sentidos práticos, até mesmo esquecido. Ainda que nenhum cristão negue a existência dessa pessoa da Trindade, posso até apostar que há milhões de frequentadores de igreja em todo o mundo incapazes de dizer, de maneira confiante, que experimentaram a presença ou a operação do Espírito Santo em sua vida nos últimos meses. E muitos deles não acreditam que possam senti-la.

Quando se trata de referência do sucesso nos cultos das igrejas, a importância da frequência superou a ação do Espírito Santo. O modelo de adoração baseado no "entretenimento" foi amplamente adotado nos anos 1980 e 1990. Embora contribua para nos libertar do tédio por mais ou menos duas horas por semana, esse modelo encheu nossas igrejas de consumidores preocupados apenas com eles mesmos, em vez de servos dispostos a qualquer sacrifício e em constante comunhão com o Espírito Santo.

Talvez estejamos muito familiarizados e à vontade com o atual estado da igreja e, por isso, não sintamos o peso do problema. Mas, e se você fosse criado em uma ilha deserta, sem nada além de uma Bíblia para ler? Imagine-se sendo resgatado depois de vinte anos e, em seguida, começando a frequentar uma igreja cristã típica. Seriam grandes as chances de você ficar chocado com o que visse (por uma série de razões, mas essa é outra história).

Tendo lido as Escrituras fora do contexto cultural da igreja contemporânea, você se convenceria de que o Espírito Santo é um elemento essencial para a existência do cristão, assim como o ar é necessário para qualquer ser humano. Você saberia que o Espírito Santo orientou os primeiros cristãos a realizar coisas inexplicáveis, a viver uma vida que não fazia sentido para a cultura que os cercava e, em última análise, a divulgar a história da graça divina por todo o mundo.

Há um grande abismo entre o que lemos a respeito do Espírito Santo nas Escrituras e como os cristãos e as igrejas agem hoje em dia. Em muitas igrejas modernas, você ficaria espantado ao notar a aparente ausência do Espírito Santo. Ele não se manifesta de jeito nenhum. E esse é, em minha opinião, o ponto-chave do problema.

Se eu fosse Satanás e meu objetivo final fosse frustrar os propósitos de Deus e seu reino, uma de minhas principais estratégias seria levar os frequentadores de igrejas a ignorar o Espírito Santo. A intensidade como isso tem acontecido (e eu diria que se trata de um mal que se espalhou no Corpo de Cristo) está diretamente relacionada à insatisfação que a maioria das pessoas sente *a respeito* da igreja e *dentro* dela. Sentimos que está faltando alguma coisa muito importante. Essa sensação é tão forte que algumas pessoas se afastam completamente da igreja e da Palavra de Deus.

Acredito que essa *coisa* que falta é, na verdade, *alguém* — mais precisamente, o Espírito Santo. Sem ele, as pessoas tentam agir de acordo com as próprias forças, e só conseguem atingir resultados limitados à condição humana. O mundo não é movido por um amor ou por ações de origem humana. E sem o Espírito Santo, a igreja não é capaz de viver de um modo diferente de qualquer outro agrupamento de pessoas. No entanto, quando os cristãos passam a viver no poder do Espírito, a evidência na vida da igreja é algo sobrenatural. Ela não consegue deixar de ser diferente, e o mundo não consegue deixar de notar essa diferença.

Quando escrevi este livro, a pergunta que continuava rondando minha mente era a seguinte: como pode um ser humano escrever bem sobre o assunto sagrado que é o Espírito Santo de Deus? Não há nenhum tema que me intimide mais, ainda que eu não consiga pensar em nada mais essencial para a igreja de Deus em qualquer lugar do mundo, e especialmente no Ocidente, onde parece que o Espírito Santo simplesmente desapareceu de muitas igrejas.

Estou escrevendo, sem dúvida, de um contexto ocidental, e sei que o Corpo de Cristo é vibrante, continua crescendo; o Espírito Santo atua em continentes como a África, a América do Sul e a Ásia. Também sei que Deus opera de maneira singular nos mais diversos lugares e nas mais diferentes épocas. Penso que isso explica parte da diferença entre um lugar e outro. No entanto, também acredito que o Espírito está atuando de maneira mais evidente em lugares onde as pessoas anseiam por ele, apresentam-se humildemente diante dele e não se deixam distrair com a sedução da riqueza e dos confortos (como acontece conosco, os norte-americanos).

A luz da igreja dos Estados Unidos está trêmula, quase se apagando. Já se rendeu demais aos reinos e valores deste mundo. Enquanto a maioria das pessoas percebe que há um problema, poucas fazem alguma coisa a respeito, e, das que fazem, muitas optam pelas soluções erradas. Em vez de falar de uma maneira relevante e profunda à cultura atual, temos capitulado e, em muitos casos, demonstrado pouca ou nenhuma diferença em relação ao mundo. Não tenho certeza se é um chamado ou o mero senso de urgência que me leva a escrever este livro. Talvez ambos. O fato é que não tenho o "direito" de escrevê-lo, mas acredito que se trata de uma obra que precisava ser escrita, por isso o fiz, confiando que Deus a usará para sua glória.

O Espírito Santo é um elemento absolutamente vital para nossa atual situação. É claro que ele é sempre vital, mas talvez de maneira ainda mais especial hoje em dia. Afinal de contas, se o Espírito Santo age, nada pode impedi-lo. Se ele não age, não conseguiremos produzir frutos genuínos, não importa quanto esforço façamos ou quanto dinheiro gastemos. A igreja se torna irrelevante quando ela não passa de uma simples criação humana. Não temos condições de ser tudo o que fomos criados para ser quando tudo em nossa vida e em nossas igrejas se explica sem a obra e a presença do Espírito de Deus.

Talvez o que nos falte não seja teologia, e sim *integridade* teológica. Muitas pessoas possuem conhecimento, mas não têm a coragem de admitir a discrepância que existe entre as coisas que sabemos e nossa forma de viver. Centenas de obras teologicamente bem fundamentadas já foram escritas a respeito da doutrina do Espírito Santo, sobre a doutrina da Trindade e assim por diante. Este livro não pretende ser uma delas. "Óbvias", "negligenciadas" e "cruciais" são os adjetivos que eu usaria para descrever as verdades que apresentarei.

Nos capítulos a seguir, falarei a respeito do conhecimento fundamental que a maioria das pessoas possui a respeito do Espírito Santo. Analisaremos alguns trechos-chave das Escrituras que se referem ao Espírito Santo em busca dos conceitos equivocados, dos abusos que cometemos e até dos temores que temos em relação a ele. Se empreendermos essa jornada de modo honesto, tenho a esperança de que poderemos ir além de nossa atual compreensão do Espírito Santo; de que daremos início a uma comunhão mais aberta, vivendo com ele uma experiência a cada dia, ou mesmo a cada momento; de que entraremos em sintonia com ele muito mais em função das coisas que está *fazendo* agora do que das que ele *fez* há meses ou anos.

Seremos lembrados da força e da sabedoria que o Espírito Santo nos disponibiliza e oraremos diligentemente por mais. À medida que confiamos nas promessas do Espírito, distanciamo-nos do desânimo e passamos a viver uma vida caracterizada pela confiança, pela manifestação do poder de Deus em meio às nossas fraquezas e pelo fruto do Espírito.

Minha oração é no sentido de que sua vida, uma vez transformada, produza esse tipo de espanto: "Vendo a coragem de Pedro e de João, e percebendo que eram homens comuns e sem instrução, ficaram admirados e reconheceram que eles haviam estado com Jesus" (At 4:13).

É provável que a leitura deste livro não seja fácil. Não importa qual seja a sua tradição religiosa, você provavelmente carrega e preserva alguns estereótipos quando se trata do Espírito Santo. Será necessário deixar de lado essa bagagem e esses estereótipos para que possa abrir o coração às coisas que Deus deseja ensinar a você. Está disposto a fazer isso?

Algumas pessoas ouvem a expressão "Espírito Santo" e automaticamente ficam preocupadas, achando que começarei a usar um discurso excessivamente carismático. Outras imaginam que sou um conservador *xiita* que nunca reconhece a ação do Espírito Santo, seja em obras, seja em palavras, e torcem para que eu não apareça. Existem muitos estereótipos (alguns dos quais o verdadeiros) e vários abusos que não procedem de apenas um lado da questão.

Algumas pessoas falam demais (ou mesmo se gabam) a respeito do Espírito Santo, mas a vida delas não demonstra carregar o fruto. Outras falam do Espírito Santo em termos teóricos ou acadêmicos, mas não o experimentam em ação. Há ainda os que o ignoram em qualquer aspecto prático e, como é de esperar, raramente vivem um relacionamento ou intimidade com o Espírito. Por fim, encontramos aquele tipo raro de pessoa que *não* fala com frequência sobre isso, porém sua vida demonstra de forma poderosa a presença e a atividade do Espírito Santo.

Algumas pessoas ficariam satisfeitas se eu dissesse que é possível encontrar um equilíbrio saudável entre esses dois extremos. Mas não é isso que iremos fazer. Quando estamos nos referindo a Deus, pensar em equilíbrio é um grande equívoco. Ele não é apenas um elemento a mais nessa mistura que chamamos de "vida". Deus deseja que o convidemos a permear todas as coisas e todas as partes de nosso ser. Da mesma maneira, buscar um "equilíbrio saudável" do Espírito Santo sugere a ideia da existência de pessoas que têm muito dele e outras que têm pouco. Ainda estou para conhecer *alguém* que tenha muito do Espírito Santo. Com certeza, já vi muita gente que fala demais sobre ele, mas nenhuma que, de fato, tenha se sentido plena de sua divina presença.

É possível ter o suficiente de Deus? Ou tê-lo em excesso? Será que existe determinado ponto a partir do qual a pessoa pode se sentir satisfeita com a quantidade de intimidade, conhecimento e poder de Deus que experimenta? Não consigo ver como isso é possível. Afinal, cada encontro nosso com Deus não deveria produzir em nós uma sede ainda maior do Senhor?

Permita que eu seja ainda mais claro: não se trata de uma convocação para que você se torne um extremista desinformado, mas para reconhecer que, como cristãos, não podemos jamais dizer que "agora chega" de Deus. Ele é infinito, e nós, finitos; sempre haverá mais de seu caráter para descobrirmos, mais de seu amor para sentirmos e mais de seu poder para usarmos no cumprimento de seus propósitos.

Não posso dizer exatamente o que acontecerá quando você admitir que nunca poderá conhecer por completo ou experimentar o suficiente do Espírito Santo e, mesmo assim, fizer a escolha por segui-lo, independentemente dos resultados. Sei apenas que, quando uma pessoa se rende inteiramente ao Espírito Santo, Cristo é glorificado, e não ela (cf. Jo 16:14).

Talvez o problema principal tenha mesmo que ver com nossa resistência a nos entregarmos a Deus, e não com o fato de acharmos que temos "muito" dele. É possível que, quando uma pessoa diz: "Eu só quero um pouquinho de Deus, muito obrigado", ela esteja querendo dizer, na verdade: "Eu prefiro não entregar a Deus as áreas de minha vida com as quais me importo de verdade, por isso vou continuar controlando isso aqui, aquilo ali e, claro, mais aquilo..."

Só que a coisa não funciona assim. Quando leio as Escrituras, vejo a verdade e a necessidade de uma vida totalmente rendida ao Espírito Santo e dependente dele.

Paulo escreveu aos coríntios que essas palavras não eram "persuasivas de sabedoria", mas uma "demonstração do poder do Espírito" para que a fé dos cristãos daquela cidade "não se baseasse na sabedoria humana, mas no poder de Deus" (1Co 2:4-5). Mais adiante, na mesma epístola, ele reitera que "o Reino de Deus não consiste em palavras, mas em poder" (4:20).

Na maioria das igrejas de hoje, ouço muita conversa e uma fachada de sabedoria humana, mas não consigo ver muito da presença e do poder de Deus.

Estou cansado de apenas falar sobre Deus. Quero vê-lo agindo por meu intermédio, por intermédio da Igreja Cornerstone e por intermédio do Corpo de Cristo espalhado pelo mundo inteiro. Sei que há mais. Todos nós sabemos que há mais. Foi por essa razão que escrevi este livro: para analisar com você como Deus nos tem chamado para ir além por meio da força e da presença do Espírito Santo.

Recuso-me a viver o que resta de minha vida onde estou neste momento, estagnado no ponto atual. Não me entenda mal: Deus já fez tanto em minha vida, e sou muito grato por isso. Apenas estou convencido de que há mais para mim. Há mais do Espírito Santo e mais de Deus do que qualquer um de nós experimenta. Eu quero chegar lá — não apenas em termos de conhecimento, mas também na vida, com tudo quanto sou.

Ao darmos início à leitura deste livro, que nosso desejo de experimentar mais do Espírito Santo possa se tornar nosso ponto de partida. E que abramos — mais amplamente e como nunca antes — o coração e nossa vida à sua presença e às suas ações. Pelo poder e pela presença do Espírito Santo, que possamos ser pessoas diferentes quando chegarmos ao fim dessa jornada.

# CAPÍTULO 1

## *Já tenho Jesus. Por que preciso do Espírito Santo?*

> Também devemos encarar este fato: o nível geral de espiritualidade entre nós é baixo. Temos nos medido por nós mesmos, e com isso o incentivo para buscar planos mais elevados nas coisas do Espírito Santo está se esgotando [...]. Temos imitado o mundo, buscado a aceitação popular, inventado deleites para substituir a alegria do Senhor e produzido um poder barato e sintético para tomar o lugar do poder do Espírito Santo.
>
> A.W. Tozer

Estou convencido de que a igreja necessita desesperadamente abrir espaço para o Espírito Santo de Deus agir com liberdade. Acho que podemos concordar em que existe um problema em nossas igrejas; alguma coisa não está certa. Mas não acredito que conseguiremos chegar a um acordo a respeito do que está errado. A maioria das pessoas não associa o que está faltando ou o que está errado com uma necessidade específica do Espírito Santo.

Há algum tempo, essa incapacidade que demonstramos em fazer um autoexame — especialmente no que tange à área do Espírito Santo — realmente mexeu comigo. Dois membros das Testemunhas de Jeová bateram à porta de minha casa e começaram a conversar. Eu tinha um bocado de coisas a fazer, por isso me preparei para dispensá-los. Mas, conforme eles começaram com aquele papo de sempre, decidi parar por alguns minutos e discutir com os dois visitantes. Com gentileza, disse-lhes que considerava seus ensinamentos sobre Jesus ofensivos porque eles defendiam a ideia de que o Filho de Deus e o arcanjo Miguel são a mesma pessoa.

Expliquei-lhes aquilo em que acredito: Jesus é muito mais que um anjo entre tantos outros; ele é o próprio Deus. Os visitantes argumentaram:

— Não. Jesus-Miguel é o *único* arcanjo. Não há outros arcanjos.

Então eu lhes pedi que abrissem suas bíblias em Daniel 10:13, onde está escrito: "Mas o príncipe do reino da Pérsia me resistiu durante vinte e um dias. Então Miguel, *um dos* príncipes supremos, veio em minha ajuda, pois eu fui impedido de continuar ali com os reis da Pérsia" (grifo do autor). Mostrei que essa passagem é clara: Miguel é apenas "um dos" príncipes supremos (ou arcanjos).

Isso os pegou de surpresa. Eles me disseram que nunca tinham ouvido falar disso nem haviam lido nada a respeito. Agora que eu tinha a atenção dos dois, disse:

— Não há como vocês me olharem nos olhos e dizer, com toda a sinceridade, que um dia pararam, buscaram Deus, leram a Bíblia e chegaram sozinhos à conclusão de que Jesus é a mesma pessoa que o arcanjo Miguel. Ninguém poderia concluir isso por conta própria. Vocês só acreditam nisso porque foi o que ouviram de outra pessoa, e não sou eu quem vai ficar aqui, de pé, dando-lhes comida na boca.

Com isso, eu os desafiei a ler a Bíblia por si mesmos, em vez de simplesmente aceitar tudo o que os outros diziam. Eles foram embora e disseram que pensariam no conselho que dei.

Saí daquela conversa me sentindo um pouco orgulhoso por tê-los confundido e levado aquelas duas pessoas a questionar suas crenças. No entanto, não conseguia deixar de pensar se eu tinha sido justo com eles. Será que *eu mesmo* já havia parado para ler a Bíblia em busca dessa verdade tão evidente? Ou será que eu mesmo havia assimilado, de modo passivo, o que ouvira de outras pessoas, assim como aqueles visitantes que bateram à minha porta?

Foi então que comecei a ler as Escrituras como jamais lera antes. Pedi ao Espírito Santo que as tornasse "vivas e ativas" para mim, embora já as conhecesse havia muitos anos. Pedi a Deus que "penetrasse" nas noções equivocadas e mal elaboradas que eu havia reunido ao longo da vida (cf. Hb 4:12). Trata-se de um ótimo exercício para as pessoas que passaram muitos anos imersas na cultura da igreja.

É claro que essa postura envolve alguns perigos, considerando que a Bíblia deve ser interpretada dentro do contexto e da responsabilidade de uma comunidade de fiéis. Mesmo com essa qualificação, aqueles que foram criados dentro da *bolha* da igreja precisam olhar além do *status quo* e avaliar, de maneira crítica, o grau de adequação à Bíblia em que estão vivendo.

A maioria das pessoas supõe que as coisas nas quais acredita estão certas (é claro que fazemos isso — é por essa razão que cremos no que cremos), mas nunca se preocupou em pesquisar para confirmar a veracidade dessas coisas. Alguém simplesmente nos falou: "É assim mesmo", e jamais questionamos. O problema é que muitas das coisas em que acreditamos são, com frequência, baseadas mais em acomodação ou na tradição cultural do que na Bíblia.

Acredito que temos tanto dever de reexaminar nossa fé quanto as Testemunhas de Jeová que bateram à minha porta. Lembre-se: os bereanos foram elevados à categoria de bons exemplos porque questionaram as coisas que lhes haviam sido ensinadas.

Eles procuravam se certificar de que até mesmo os ensinamentos dos apóstolos estivessem de acordo com o que estava escrito: "Os bereanos eram mais nobres do que os tessalonicenses, pois receberam a mensagem com grande interesse, examinando todos os dias as Escrituras, para ver se tudo era assim mesmo" (At 17:11).

Uma das áreas que precisamos desesperadamente examinar é o conceito que temos a respeito do Espírito Santo e a maneira de nos relacionarmos com ele. Como já mencionei, se eu e você nunca tivéssemos entrado em uma igreja e lêssemos o Antigo e o Novo Testamento, teríamos grandes expectativas a respeito da ação do Espírito Santo em nossa vida.

Pense nisto. Ao anunciar sua morte, Jesus conforta os discípulos dizendo a eles que "outro Conselheiro" estava por chegar (cf. Jo 14:16). Em João 16:7, ele vai além e diz que é para *o bem deles* que partiria, e assim o Conselheiro poderia vir. Além disso, em Atos 1:4-5, depois de sua morte e ressurreição, Jesus orienta os discípulos a permanecer em Jerusalém e aguardar pelo Espírito Santo. (Os discípulos obedecem porque é isso mesmo que as pessoas fazem quando alguém ressuscita dos mortos e dá alguma instrução.) Os discípulos de Jesus não tinham a menor ideia do que ou de quem deveriam esperar; nem mesmo sabiam como seria o aspecto desse Conselheiro. No entanto, mantiveram as expectativas e a confiança porque Jesus os instruíra a esperar por aquele presente precioso.

Depois, em Atos 2, vemos o cumprimento dessa promessa de uma maneira que deve ter chocado os discípulos. O poder do Espírito Santo é derramado como ninguém jamais vira ou experimentara antes, e Pedro compartilha a maravilhosa promessa de que esse Espírito Santo está disponível para todo aquele que crer. As epístolas nos falam do impressionante poder do Espírito Santo operando em nossa vida, de nossa capacidade (proporcionada pelo Espírito) de abandonar o pecado com a ajuda dele e dos dons sobrenaturais que ele distribui entre os filhos de Deus.

Se lêssemos esses relatos e acreditássemos neles, seria natural esperarmos por uma manifestação poderosa do Espírito Santo. Ele não seria mais um componente esquecido da Trindade, ao qual, vez por outra, damos um traço de reconhecimento — como acabou se tornando em muitas igrejas. Esperaríamos que nossa vida nova com o Espírito Santo fosse radicalmente diferente de nossa antiga vida sem ele.

No entanto, não é isso que acontece com a maioria das pessoas. Não vivemos dessa maneira. Por alguma razão, não achamos que precisamos do Espírito Santo. Não esperamos que ele aja. Ou então, quando o fazemos, nossas expectativas são, em geral, mal orientadas ou egoístas. Considerando os talentos que recebemos, nossa experiência e nossa educação, muitos de nós temos a tendência de nos considerar razoavelmente capazes de viver bem (segundo os padrões deste mundo) sem qualquer ajuda do Espírito Santo.

Até mesmo nossa igreja pode crescer sem a ajuda dele. Sejamos sinceros: se você combinar um orador carismático, um grupo musical talentoso para a adoração musical e alguns eventos criativos e bem interessantes, as pessoas frequentarão sua igreja. Isso, porém, não significa que o Espírito Santo de Deus esteja operando e se movendo na vida das pessoas que estão chegando. Quer dizer apenas que você criou um espaço cujo apelo é suficiente para atrair as pessoas por uma ou duas horas a cada domingo.

Com certeza, isso não significa que as pessoas sairão da igreja mobilizadas para a adoração nem mais tementes a Deus. É mais provável que elas destaquem a qualidade da música ou o apelo do sermão, em vez daquele que é a razão primeira da reunião das pessoas em uma igreja.

Acho que a pior parte é quando você sai da igreja e interage com cristãos e não cristãos que convivem no mesmo ambiente. Será que consegue realmente distinguir alguma diferença? Se você não reconhecer o rosto das pessoas que frequentam a igreja, será que poderá dizer quem são seguidoras de Cristo com base em suas atitudes e em seu estilo de vida? Para ser sincero, às vezes me sinto sem graça por causa de alguns de meus vizinhos "cristãos": os "não cristãos" parecem ser *mais* alegres, hospitaleiros e pacíficos. Por que isso acontece? E como isso é possível?

Romanos 8:9 diz: "Entretanto, vocês não estão sob o domínio da carne, mas do Espírito, se de fato o Espírito de Deus habita em vocês". Paulo reitera essa verdade em 1Coríntios 6:19-20: "Acaso não sabem que o corpo de vocês é santuário do Espírito Santo que habita em vocês, que lhes foi dado por Deus, e que vocês não são de si mesmos? Vocês foram comprados por alto preço". Nosso corpo é o templo do Espírito Santo. Mais adiante, nos aprofundaremos mais no significado disso para nossa vida; essencialmente, porém, pode-se dizer que o Espírito Santo faz de nosso corpo sua habitação. Somos sua morada.

E essa é a questão que não posso evitar: se é verdade que o Espírito de Deus habita em nós e que nosso corpo é o templo do Espírito Santo, então não deveria haver uma diferença enorme entre a pessoa na qual o Espírito de Deus habita e aquela que não tem o Espírito Santo em seu interior?

Pode ser que essa ilustração seja um pouco ridícula, mas, se eu dissesse a você que tive um encontro com Deus no qual ele entrou em meu corpo e me concedeu uma capacidade sobrenatural de jogar basquete, não seria natural esperar de mim uma incrível melhoria em meus arremessos, em minha marcação e em minha velocidade na quadra? Afinal de contas, é de Deus que estamos falando. E se você não visse nenhuma mudança em meu desempenho como atleta? Não questionaria a validade de meu "encontro"?

Frequentadores de igreja por todo o país dizem que o Espírito Santo habita neles. Garantem que Deus lhes concedeu uma capacidade sobrenatural de seguir Cristo, abandonar o pecado e servir à igreja. Os *cristãos* falam que *nasceram de novo* e dizem que antes estavam *mortos*, mas agora nasceram para uma *nova vida*. Nós endurecemos o coração para essas palavras, mas elas são muito poderosas e possuem forte significado. No entanto, quando as pessoas de fora da igreja não conseguem ver a diferença em nossa maneira de viver, começam a questionar nossa integridade, nossa sanidade ou, ainda pior, nosso Deus. Quem pode culpá-las por isso?

Isso me faz lembrar a frustração de Tiago quando escreve sobre fontes de água doce que produzem água amarga. É quase possível ouvir a incredulidade dele ao escrever: "Acaso podem sair água doce e água amarga da mesma fonte?" (Tg 3:11). Ele está dizendo que os chamados "cristãos" estavam fazendo algo que, em tese, nem seria possível — e esse tipo de "impossível" não tem nada de bom!

Ele lamenta: "Meus irmãos, não pode ser assim!" (Tg 3:10). Faço eco à exortação de Tiago àquelas pessoas que frequentam a igreja hoje: meus irmãos e minhas irmãs que receberam o Espírito Santo, costuma nos faltar o amor, a alegria, a paz, a paciência, a gentileza e outras virtudes, mesmo quando muitos de nossos amigos não cristãos demonstram possuir esses traços. Meus irmãos e minhas irmãs, as coisas não deveriam ser assim! Assim como aconselhei os integrantes das Testemunhas de Jeová que me visitaram, precisamos começar de novo reavaliando nossas ideias preconcebidas a respeito do Espírito Santo e do que significa ser um templo do Espírito de Deus. Servir a Deus e seguir o caminho de Jesus envolve muito mais coisas do que reunir um grupo de pessoas talentosas para realizar um culto.

Quando Jesus estava se preparando para deixar este mundo, ele consolou seus discípulos, dizendo a eles que não deveriam se preocupar, e sim confiar nele (cf. Jo 14:1). Será que ele já não havia comprovado sua fidelidade durante os anos anteriores, nos quais estivera ao lado dos discípulos o tempo todo? Primeiro, ele os confortou dizendo que a separação seria apenas temporária e que estava prestes a "preparar-lhes lugar" (14:2-3). Segundo, ele lhes disse que iria para Deus Pai, e que mesmo de lá poderia ouvir as orações de seus discípulos (14:12-14).

Por fim, Jesus deu aos discípulos a garantia definitiva: outro Conselheiro viria. Jesus disse que o Pai enviaria aos discípulos "outro Conselheiro para estar com vocês para sempre" (Jo 14:16). Nesse caso, a palavra grega traduzida por "outro" significa outra pessoa que é exatamente como a primeira (e não alguém que seja de uma natureza diferente). Assim, Jesus estava dizendo o seguinte: aquele que estava por vir seria exatamente como ele!

Você já parou para pensar a respeito da importância de ter "outro" Conselheiro exatamente como Cristo? Neste exato momento, imagine o que seria ter Cristo de pé ao seu lado, em carne e osso, trabalhando como seu Conselheiro pessoal. Imagine a paz que você sentiria ao saber que poderia receber sempre a verdade perfeita e uma orientação irretocável do próprio Filho de Deus. Isso soa como algo impressionante, e nenhum de nós poderia negar os benefícios de ter Jesus aqui fisicamente, orientando-nos e capacitando-nos em cada passo que damos.

No entanto, por que devemos achar que essa situação seria, de alguma maneira, melhor do que a presença literal do Espírito Santo? Aqueles que acreditam em Jesus jamais deveriam negar esta verdade: temos o Espírito do Deus vivo, o Espírito daquele que ressuscitou Jesus dentre os mortos, vivendo dentro de nós. Não estou nem um pouco convencido de que tenhamos internalizado essa verdade e aproveitado bem as bênçãos que Deus planejou para nós. Parece que esse conhecimento ultrapassou a nossa compreensão, e que não tomamos posse dele. Acabou não fazendo tanta diferença assim em nossa vida — a ponto de, caso acordássemos amanhã e descobríssemos não ser verdade que o Espírito Santo habita em nosso interior, o mais provável é que essa notícia não mudasse muito a nossa vida.

O próprio Jesus disse aos discípulos: "Mas eu lhes afirmo que é para o bem de vocês que eu vou. Se eu não for, o Conselheiro não virá para vocês; mas se eu for, eu o enviarei" (Jo 16:7). O que Jesus está dizendo basicamente aos discípulos é o seguinte: "Sim, eu estive com vocês por três anos e meio, mas é melhor que eu os deixe e que o Espírito Santo venha".

Quando os discípulos ouviram aquilo, há dois mil anos, tenho certeza de que foi difícil para eles assimilar. Como poderia ser melhor trocar um Jesus humano — um homem em cuja companhia podiam conversar, comer e rir — por um Espírito que não podiam ver fisicamente? Milhares de anos depois, acho que a maioria das pessoas também optaria por um Jesus físico em detrimento de um Espírito Santo invisível. Mas o que fazer diante do fato de Jesus dizer que é melhor para seus seguidores ter o Espírito Santo? Podemos crer nele? Se a resposta é "sim", será que a nossa vida reflete essa convicção?

Meu palpite é o de que muitas das pessoas que estão lendo este livro possuem um conhecimento básico *sobre* o Espírito Santo; mas, quando se trata de ter uma experiência com ele na própria vida, aí a história é outra. Pare por um momento e faça a si mesmo esta pergunta: "Quando foi a última vez que vi, sem sombra de dúvida, o Espírito Santo operando em mim ou em alguém ao meu redor?". Se isso aconteceu há pouco tempo, separe alguns minutos para refletir sobre o que o Espírito de Deus fez e como você o viu em ação. Agradeça a Deus por ser uma presença ativa em sua vida e louve-o pela maneira que ele orienta você, mesmo agora.

Se está encontrando dificuldade para se lembrar de alguma ocasião em que o Espírito operou em sua vida e na vida de outra pessoa conhecida, talvez isso esteja acontecendo porque você tem ignorado o Espírito. Talvez seja porque você possui um conhecimento racional a respeito do Espírito, mas não exatamente um relacionamento com ele. A realidade é que a igreja primitiva sabia menos sobre o Espírito Santo do que a maioria de nós na igreja de hoje, pelo menos no sentido intelectual. Mas ela passou a conhecê-lo de um modo íntimo e poderoso à medida que ele operava na vida das pessoas e por intermédio delas. Ao longo de todo o Novo Testamento, lemos relatos sobre os apóstolos, cuja vida era orientada pelo Espírito Santo, e que viviam em seu poder.

O objetivo deste livro não é oferecer uma explicação completa a respeito do Espírito Santo ou voltar à era apostólica, mas aprender a viver de uma maneira fiel nos dias atuais. Antes de tudo, é impossível para nós, como seres humanos e finitos, entender por completo um Deus infinito. Em segundo lugar, muitos de nós não precisamos de mais conhecimento sobre o Espírito em termos de bagagem intelectual; o que precisamos é experimentar sua presença. E terceiro, não temos como voltar no tempo; só podemos avançar, buscando o significado de uma vida de fidelidade dentro de nosso tempo e de nossa cultura, onde Deus nos colocou.

Assim, ao mesmo tempo que você — espero — estiver aprendendo alguma coisa nova sobre o Espírito Santo neste livro, minha oração é no sentido de que isso o leve a experimentar uma comunhão ainda mais profunda com ele, experimentando cada vez mais o seu poder e a sua presença.

Há alguns anos, quando um pensamento casual me ocorreu, decidi compartilhá-lo com minha esposa:

— Você já tentou imaginar sobre o que as lagartas pensam? — perguntei.

É claro que ela respondeu:

— Não.

Então prossegui, falando-lhe da confusão que, imaginei, passa pela cabeça de uma lagarta. Durante toda a sua vida como tal, ela rasteja por um pequeno trecho de terra, ocasionalmente subindo e descendo por algumas poucas plantas. Aí, um dia, ela resolve tirar uma soneca. Uma longa soneca. O que será que passa pela cabeça dela quando acorda e descobre que é capaz de *voar*? O que terá acontecido com seu corpo sujo, roliço e pequeno de lagarta? Sobre o que ela pensa quando vê seu novo corpo minúsculo e suas asas lindíssimas?

Como cristãos, devemos experimentar esse mesmo tipo de assombro quando o Espírito Santo passa a habitar em nosso ser. Devemos nos espantar com o fato de nos tornarmos "novas criaturas" nas quais o Espírito de Deus reside. Assim como a lagarta descobre sua nova capacidade de voar, precisamos nos empolgar com a capacidade que o Espírito nos concede de viver de uma forma diferente e fiel. Não é sobre isso que as Escrituras falam? Não é por isso que todos nós temos procurado?

É, de fato, uma verdade espantosa o fato de o Espírito daquele que ressuscitou Jesus dentre os mortos habitar em você. Ele habita em mim. Não sei dizer o que o Espírito fará em mim ou aonde ele me levará cada vez que eu convidá-lo a me orientar. Só sei que estou cansado de viver de uma maneira que se parece exatamente com a forma em que vivem as pessoas nas quais o Espírito de Deus não habita. Quero viver de um modo coerente, sem perder a noção da força do Espírito. Quero ser diferente hoje do que eu era ontem, à medida que o fruto do Espírito se manifesta cada vez mais em minha vida.

Quero viver de tal maneira que eu me submeta verdadeiramente à orientação do Espírito Santo dia após dia. Cristo disse que seria melhor para nós que o Espírito viesse, e quero viver como uma pessoa que tem convicção dessa verdade. Não desejo prosseguir rastejando se sei que possuo a capacidade de voar.

## Joni Eareckson Tada

Há algum tempo me perguntaram: "Qual é a pessoa mais cheia do Espírito Santo que você conhece?". Minha resposta foi: Joni Eareckson Tada.

Um acidente durante um mergulho, em 1967, aos 17 anos, fez que Joni se tornasse tetraplégica. Deitada em um leito de hospital, ela foi tomada por um desejo esmagador de acabar com a própria vida. A ideia de passar o resto de seus dias paralisada do pescoço para baixo e ter de depender dos outros para suprir suas necessidades básicas era terrível.

Mas Joni não se suicidou naquele dia. Em vez disso, ela escolheu render a vida a Deus. Mal sabia que o Espírito do Senhor a transformaria em uma das mulheres mais espirituais que já viveram na terra. Deus lhe concedeu humildade e amor em tal medida que ela consegue enxergar além da própria dor para distinguir o sofrimento dos outros. Trata-se de uma pessoa que, "humildemente", considera os outros "superiores a si mesma" (uma apropriação de Fp 2:3).

Nem sei por onde começar para relatar tudo quanto ela já fez. Enquanto passava por dois anos de reabilitação depois do acidente, ela dedicava muitas horas a aulas de pintura com um pincel preso entre os dentes. Suas pinturas e ilustrações detalhadas se tornaram o sonho de colecionadores. Sua autobiografia, *Joni*, que se tornou um *best-seller* internacional, foi transformada posteriormente em um longa-metragem. Em 1979, ela fundou a organização Joni e Seus Amigos com o objetivo de fomentar o ministério cristão à comunidade das pessoas portadoras de necessidades especiais no mundo inteiro. Isso levou ao estabelecimento, em 2007, do Centro Internacional de Reabilitação Joni e Seus Amigos, que atualmente produz um forte impacto sobre milhares de famílias em vários continentes.

A cada semana, mais de um milhão de pessoas ouvem seu programa de rádio diário de cinco minutos, *Joni e seus amigos*. A organização que ela fundou serve a centenas de famílias com pessoas portadoras de necessidades especiais, organizando retiros em todo o território norte-americano. Por intermédio do programa Rodas para o Mundo, cadeiras de rodas são recolhidas como doações no país inteiro, reformadas por detentos de vários presídios e, em seguida, enviadas e doadas novamente a países em desenvolvimento, onde, sempre que possível, terapeutas adaptam cada cadeira a uma criança ou a um adulto com deficiência física que não tem condições de comprá-la. Até 2008, Rodas para o Mundo já havia alcançado a marca de 52.342 cadeiras de rodas, distribuídas em 102 países, e treinado centenas de líderes comunitários e de igrejas, incluindo pessoas portadoras de necessidades especiais.

Em 2005, Joni Eareckson Tada foi indicada para o Comitê de Orientação para Pessoas com Deficiência Física do Departamento de Estado norte-americano. Ela trabalhou com Condoleezza Rice em programas relacionados a pessoas portadoras de necessidades especiais daquela instituição e em outros países. Joni já compareceu duas vezes ao programa de entrevistas *Larry King Live*, nas quais não apenas deu seu testemunho cristão, como também apresentou uma perspectiva bíblica sobre temas cotidianos que afetam a população que enfrenta dificuldades por causa de alguma deficiência física. Além disso, ela escreveu mais de 35 livros.

No entanto, não é por causa dessas realizações que considero Joni a pessoa mais cheia do Espírito Santo que conheço. Na verdade, essa admiração não tem nada que ver com as coisas que ela alcançou, e sim com o fato de Joni não passar mais de dez minutos sem começar a cantar uma música de louvor a Deus, citar uma passagem das Escrituras Sagradas ou compartilhar uma palavra comovente e apropriada de encorajamento.

Nunca vi o fruto do Espírito se manifestar de maneira mais clara na vida de alguém quanto acontece quando estou com Joni. Mal consigo manter uma conversa com ela sem derramar algumas lágrimas. Isso acontece porque Joni é uma pessoa cuja vida, em todos os aspectos, evidencia a obra do Espírito Santo nela e por intermédio dela.[1]

# CAPÍTULO 2

## *Você tem medo de quê?*

> O Senhor nos desafia a sofrer perseguições e confessá-lo. Ele deseja que aqueles que lhe pertencem sejam bravos, corajosos. Ele mesmo mostra como a fraqueza da carne é subjugada pela coragem do Espírito Santo. Esse é o testemunho dos apóstolos e, em particular, do Espírito Santo que nos representa e dirige. O cristão nada teme.
>
> Tertuliano

O medo da rejeição me paralisou várias vezes. Deus respondeu às minhas orações por mais ousadia, mas eu não estaria sendo honesto se deixasse de admitir que ainda há momentos em que me preocupo com a imagem que as pessoas fazem de mim. Mesmo no momento em que escrevo este livro, fico pensando em como os meus amigos reagirão, se serei rotulado ou mesmo incompreendido.

Preocupar-se demais com o que as pessoas pensam pode não ser algo com que você tenha de lidar em sua vida; se for assim, fico feliz em saber, mas é provável que exista alguma outra coisa que você tema. No entanto, para muita gente, preocupar-se em demasia com a opinião dos outros pode se transformar em um temor muito grande, maior do que ela pode controlar.

Denominações inteiras se estruturaram em torno de crenças específicas a respeito do Espírito Santo. Conheço pessoas que perderam o emprego em igrejas e faculdades cristãs por causa de suas crenças sobre o Espírito. Eu mesmo perdi uma namorada enquanto estudava no seminário porque acreditávamos em coisas diferentes sobre ele! Trata-se de um dos assuntos sobre os quais é fácil *viajar*. Isso é especialmente verdadeiro quando a pessoa pertence a determinado "campo" de crenças ou inclinações; com certeza, é natural sentir a rejeição por parte daqueles que fazem parte do mesmo campo quando você muda a sua visão das coisas.

Embora esse medo seja natural, não é certo senti-lo. Somos chamados a orientar nossa vida pelo Caminho descrito na Bíblia. Não somos chamados para recear as implicações contidas na iniciativa de seguir o Caminho de Jesus, mas isso não significa que esses temores jamais se manifestarão. A vida do seguidor de Cristo exige a renúncia a esses temores toda vez que eles surgem. Isso significa recusar-se a permitir que seu medo do que os outros pensam — seu receio de ser rejeitado — impeça-o de buscar a verdade sobre o Espírito Santo e qualquer outra coisa que Deus esteja ensinando a você ou para a qual o esteja chamando.

Você está disposto a buscar a verdade em sua jornada rumo à descoberta do Espírito Santo? Quer que ele também descubra você? Tem humildade suficiente para aceitar a possibilidade de estar errado em sua compreensão a respeito do Espírito Santo? É fácil se manter na defensiva, apressando-se em discordar e apelando para textos consagrados e argumentos aprendidos para defender aquilo em que sempre acreditou.

Em vez de defender sua opinião com unhas e dentes, pense na possibilidade de rever de uma forma diferente algumas passagens bíblicas familiares para se assegurar de que você não deixou passar nada. É possível que você chegue ao fim delas mantendo a mesma teologia que sempre adotou, mas talvez mude de ideia. Não permita que suas visões sejam determinadas por uma denominação em particular, ou por aquilo que sempre disseram a você. Dentro do contexto do relacionamento com outros cristãos, procure descobrir o que Deus disse a respeito do Espírito Santo. Abra sua mente e sua vida para a orientação do Espírito, não importa o que os outros possam pensar ou presumir sobre você.

O medo tem um jeito todo próprio de influenciar o processo do raciocínio. Quando tememos sair de determinada estrutura teológica, nossas interpretações ficam tendenciosas. Trabalhamos com diligência para "provar" que nossos pressupostos estavam corretos (outro exemplo de eisegese), em vez de simples e honestamente perseguirmos a verdade.

**E quando Deus não faz o que esperamos?**

Antes que avancemos nessa conversa sobre o Espírito Santo, acho que alguns outros temores precisam ser identificados e devidamente combatidos. Uma preocupação que costumo ouvir (e sentir) é a seguinte: e se eu orar pelo Espírito Santo e nada acontecer? E se eu pedir mais do fruto do Espírito em minha vida e não vir nenhum "resultado" aparente? Não é assustador orar com ousadia por mudança ou pela libertação do pecado e nada acontecer? Isso significa que Deus fracassou? Quer dizer que o Espírito Santo não é tudo aquilo que temos ouvido a respeito dele?

Acredito que o medo de um eventual fracasso divino nos leva a "fazer por menos" em relação a Deus. Isso significa que pedimos menos, esperamos menos e nos satisfazemos com menos porque temos medo de pedir mais ou esperar por mais. Chegamos a ponto de nos convencer de que não *queremos* mais — que temos todo o "Deus" de que precisamos ou poderíamos querer. Mal posso imaginar como Deus fica desapontado ao ver como seus filhos evitam um relacionamento com o Espírito Santo por causa do medo de que ele não faça o que esperamos dele. O Senhor deve se sentir muito triste por constatar que seus filhos ignoram as promessas que ele fez nas Escrituras Sagradas porque receiam que tais promessas não sejam cumpridas! Conceder-nos poder pela força do Espírito Santo é algo que o Pai deseja muito fazer. Não se trata de algo que tenhamos de convencê-lo a fazer. Deus realmente deseja ver-nos caminhando em sua força.

Quando Jesus esteve na terra, ele disse aos discípulos: "Se vocês, apesar de serem maus, sabem dar boas coisas aos seus filhos, quanto mais o Pai que está nos céus dará o Espírito Santo a quem o pedir!" (Lc 11:13). Deus é um Pai bondoso que *deseja* conceder coisas boas a seus filhos. Às vezes, me esqueço dessa verdade e fico implorando, como se ele precisasse ser convencido de alguma coisa. É uma ideia tão ridícula quanto meus filhos pensarem que precisam me implorar um abraço. Abraçá-los é algo que me agrada muito.

Você acredita que o Deus do céu concede seu Espírito àqueles que o pedem? Você *realmente* acredita nisso? Essa verdade (e o que ela significa) é tão incrível que ninguém que crê de fato nela poderia deixar de pedir pelo Espírito Santo.

No livro de Atos, depois de Jesus ter ressuscitado e ascendido aos céus, Pedro fez um discurso diante da multidão e declarou: "Arrependam-se, e cada um de vocês seja batizado em nome de Jesus Cristo para perdão dos seus pecados, e receberão o dom do Espírito Santo" (2:38). Já vimos que Deus promete conceder seu Espírito a todos aqueles que o pedirem. Aqui vemos que recebemos o Espírito Santo quando começamos a seguir Cristo.

Tudo isso nos leva a uma pergunta da qual não podemos escapar: será que Deus concede mesmo o Espírito Santo àqueles que o pedem ou Jesus estava mentindo quando disse isso? Descobri que, no fim das contas, é uma questão de fé: você acredita ou não que Deus cumpre suas promessas? Suas orações e suas atitudes oferecem evidências de sua fé?

Assim, Deus prometeu nos conceder seu Espírito se o pedirmos, se nos arrependermos e se formos batizados; no fim das contas, trata-se de nossa fé no Senhor e de como agimos em relação a essa promessa. Imagino que algumas pessoas entre as que leram este livro pediram ao Espírito Santo que fizesse alguma coisa e não experimentaram os resultados que esperavam. Por essa razão, passaram a ter medo de pedir de novo porque isso enfraqueceria a fé caso Deus "deixasse de agir" novamente. Ouvi dizer que muita gente questiona Deus por não responder às suas orações. Não duvido de que essas pessoas tenham orado pela fé, mas a questão é saber se elas oraram pelas coisas que Deus havia prometido. Em geral, Deus responde com um "não" aos pedidos por coisas que não foram prometidas.

Há uma enorme diferença entre acreditar nas coisas que Deus prometeu e orar por outras coisas que você gostaria que fossem verdade. Eu incentivo você a orar confiadamente pelas coisas que Deus prometeu. Não ponha sua esperança naquilo que os outros prometem ou no que alguém disse a você que "conseguiria" se conseguisse ser um "bom cristão" (por exemplo, um bom emprego, sucesso financeiro, o cônjuge perfeito, filhos saudáveis, um casarão etc.). Em última análise, você precisa firmar sua fé apenas em Deus, e não nas coisas que recebe, por melhor que sejam. No fim, trata-se de uma questão de confiança. Você confia em Deus quando ele diz "não" ou "não dessa maneira"? Você continua acreditando que ele é bom e que faz o que é melhor para sua vida?

**Será que eu quero mesmo isso?**

O extremo oposto do medo de que Deus não se manifeste é o temor de que ele *o faça*. E se ele operar, mas depois pedir a você que vá a algum lugar ou faça alguma coisa complicada? Para muita gente, o medo de que Deus nos peça para seguir por uma direção difícil ou indesejável supera o temor de que ele nos ignore.

Há alguns anos, perguntei a um de meus amigos se ele realmente desejava conhecer a vontade divina, não importava o que Deus desejasse fazer por intermédio dele. Sua resposta foi sincera: "Não, isso me deixaria apavorado". Em seguida, admitiu que preferia não saber tudo o que Deus desejava que ele fizesse. Daquela maneira, no fim ele poderia dizer: "Eu não tinha a menor ideia de que o senhor desejava que eu fizesse todas aquelas coisas". Gostei de ver como meu amigo se dispunha a dizer abertamente o que muita gente pensa e sente em segredo a respeito de uma rendição total a Deus. Ele foi sincero — mais sincero do que a maioria das pessoas está disposta a ser.

Se você se identifica com meu amigo, então, pelo menos, acredita na Palavra de Deus e crê que o Espírito Santo deve habitar em nossa vida e orientá-la. Quando se trata disso, muita gente não quer realmente ser dirigida pelo Espírito Santo. Ou então, pensando em termos mais fundamentais, muitos de nós não queremos ser orientados por ninguém mais além de nós mesmos. A ideia de abrir mão do controle (ou a ilusão de que o possui) é terrível, não acha? Você luta para manter o domínio de todas as coisas em sua vida, tanto as grandes quanto as pequenas? O simples pensamento de não controlar mais nada e ouvir a orientação do Espírito Santo assusta e faz que você se apegue ainda mais àquilo que pensa ter?

A verdade é que o Espírito do Deus vivo, com certeza, pedirá a você que vá a algum lugar ou faça alguma coisa que normalmente não desejaria ou escolheria fazer. O Espírito o guiará até o caminho da cruz do mesmo modo que guiou Jesus pela mesma trilha. E esse não é, definitivamente, um lugar seguro, bonito ou confortável para alguém estar. O Espírito Santo de Deus moldará você para que se transforme na pessoa que foi criado para ser.

Esse processo, geralmente muito doloroso, despoja você do egoísmo, do orgulho e do medo. Para obter um exemplo poderoso disso, leia o livro *A viagem do peregrino da alvorada*, de C. S. Lewis. Eustáquio, o garoto, se transforma em um dragão. Para voltar a ser um menino, ele precisa se submeter a uma grande dor quando a pele do dragão lhe é arrancada. Só depois de suportar esse processo doloroso é que ele consegue se transformar, de fato, novamente em um menino.

Às vezes, o pecado que cometemos se torna algo tão enraizado em nossa vida que exige o mesmo tipo de processo para que possamos nos libertar. O Espírito Santo não quer nos magoar ou fazer sofrer, mas ele deseja que nos assemelhemos a Cristo, e isso pode constituir um processo doloroso.

Assim, se você diz que deseja ter o Espírito Santo, precisa primeiro perguntar a si mesmo, com honestidade, se quer fazer a vontade dele. Isso porque, se não for de sua vontade genuína conhecer Deus e fazer sua vontade, para que pedir a presença dele, afinal de contas? No entanto, se você chegar à conclusão de que deseja conhecer a vontade do Senhor, haverá momentos nos quais terá de abrir mão do medo do que tudo isso pode significar — é quando você precisa "soltar as rédeas" de sua vida e se dispor a ser guiado, venha o que vier.

**E a minha reputação, como é que fica?**

Moro no sul da Califórnia, onde as pessoas se preocupam mais com as aparências do que a maioria de todo o restante dos Estados Unidos. Se você já viveu ou visitou essa parte do país, sabe exatamente o que quero dizer. O sul da Califórnia é a terra do bronzeamento artificial, dos cirurgiões plásticos, das lojas de grife, dos *jeans* de 300 dólares, dos salões de beleza, dos imóveis caríssimos, das compras exageradas e dos carrões. Eu poderia prosseguir, mas não farei isso. Já está bem óbvio que as pessoas do sul da Califórnia se preocupam demais com as aparências.

Ainda que essa preocupação com a aparência tenha chegado a extremos no sul da Califórnia, trata-se de uma questão com a qual todos os norte-americanos lidam. Preocupamo-nos muito com o que as outras pessoas pensam a nosso respeito. Talvez no Texas ou em Oklahoma o problema maior seja o time pelo qual você torce. No Colorado, é provável que a maior preocupação seja com quanto você gosta de atividades ao ar livre. E é possível que em New England as pessoas se importem mais com a faculdade em que seus filhos vão estudar. Evidentemente, todos esses são apenas estereótipos bobos, mas a questão é que nós, os norte-americanos, tendemos a nos preocupar com aquilo que as pessoas pensam a nosso respeito, e isso chega a um ponto doentio. E os cristãos, com certeza, não escapam a essa tendência.

À semelhança do que acontece com outras pessoas, muitos cristãos se importam demais com as aparências. Até mesmo aqueles que não ligam para as coisas superficiais e materialistas costumam se preocupar com sua reputação no que concerne às "questões espirituais". Por exemplo, se um amigo flagra você lendo este livro sobre o Espírito Santo, qual é a sua reação? Você fica preocupado se essa pessoa vai considerá-lo muito "carismático" ou "radical" demais? Se você fala a respeito do que o Espírito

Santo faz em sua vida, é tão importante assim o que os outros vão pensar a seu respeito? Você tem medo de receber "muito" do Espírito Santo e das possíveis implicações desse fato? (Para você, é proibido formar uma reputação de sujeito "esquisito" ou "exagerado" no céu!)

É possível que, em razão de seu histórico e de sua formação, você possa considerar este livro conservador demais. Talvez alguns dos limites bíblicos que destaco sejam classificados pelas pessoas de sua igreja como "restritivos" para uma pessoa orientada pelo Espírito Santo.

Seja qual for a sua experiência, você está disposto a deixar isso de lado e simplesmente se conscientizar da verdade bíblica? Uma pergunta que fiz a mim mesmo por diversas vezes é: "Será que minha mente está sequer *aberta* à possibilidade de que eu possa estar errado em minhas crenças? Se isso estiver acontecendo, será que eu teria coragem de mudar minha postura se alguém me mostrasse que minha interpretação das Escrituras está equivocada?

Neste ponto, todos nos sentimos tentados a responder sem hesitar: "É claro que sim!". Queremos acreditar que somos pessoas que desejam a VERDADE, mesmo em detrimento dos relacionamentos e da aceitação pública. Mas é grande a possibilidade de que você se importe mais com a opinião das pessoas do que está disposto a admitir.

Eu mesmo fui criado em uma igreja bem conservadora que ignorava quase totalmente a atividade do Espírito Santo e sua presença na vida cotidiana. Alertaram-me de que eu não sentiria nada quando o Espírito Santo entrasse em minha vida; com isso, eu hesitava diante da perspectiva de estar indo "longe demais" em qualquer coisa que estivesse relacionada com uma atuação mais profunda do Espírito em meus pensamentos e em minhas atitudes. Afinal de contas, eu não queria me tornar uma pessoa "como as outras" — aquelas que moravam no fim da rua, que ignoravam as Escrituras e exageravam em suas manifestações emocionais. Conheci muita gente com histórico igual ao meu, e vi o estrago provocado por escolhas baseadas no medo, em vez de na verdade. Em resumo, impedimos o Espírito Santo de penetrar em nossa vida por medo de ficarmos parecidos com "eles".

Aí surge o outro lado da questão: as pessoas que, às vezes, não estão dispostas a dar ouvidos aos alertas ou conselhos daqueles conservadores "tacanhos e sem graça". Talvez você esteja com tanto medo de que as pessoas pensem que está sufocando o Espírito Santo que nem mesmo considere a hipótese de analisar sua maneira de fazer as coisas — mesmo que a Bíblia ofereça instruções claras no sentido oposto. Talvez pense que a maioria dos conservadores está com medo do Espírito Santo, e receie se parecer com "eles".

Seja qual for a nossa postura nessa discussão, a questão é que precisamos basear nossa compreensão e nossa experiência com o Espírito Santo na verdade bíblica, e não no medo. Como discípulos de Jesus, manter um relacionamento com ele deve ser o foco de nossa vida. Quando permitimos que a opinião de outras pessoas a nosso respeito (ou mesmo nossa impressão a respeito da opinião delas!) controle a nossa maneira de viver, ficamos escravizados. Somos envolvidos pela mentalidade deste mundo e não vivemos como cidadãos do céu, o que constitui outro tipo de reino completamente diferente.

Embora algumas pessoas interpretem esse reino de Deus como uma realidade futura (cf. Zc 14:9; At 1:6-7), há também as que o considerem presente, aqui e agora (Mt 6:10; 12:28). Como cidadãos desse reino, somos convocados a viver de um modo que reflita a realidade do reino de Deus. Quando ficamos preocupados demais com nossa aparência, nossa reputação espiritual, nossa simpatia ou nossa aceitação, vivemos como cidadãos deste mundo, e não como embaixadores do reino de Deus.

Não se trata de algo que simplesmente passa e desaparece depois, e sim de uma luta constante para manter uma verdadeira aliança. E a questão se resume a isto mesmo: com quem você estabeleceu uma aliança? Você se importa com o que as pessoas pensam quando o veem? Ou seu compromisso é seguir a verdade, no que se refere ao Espírito Santo, vivendo à luz dessa verdade, confiando nas promessas a ela vinculadas e aproveitando o melhor que esse relacionamento tem a oferecer?

**Um medo positivo (ou, pelo menos, uma preocupação legítima)**

Dito tudo isso, penso mesmo que haja um tipo legítimo de medo. É possível que "medo" não seja a melhor palavra para descrever aquilo a que estou me referindo. Talvez seja melhor falar sobre isso como uma área sobre a qual devemos manter uma atenção constante.

Estou falando sobre o medo de extinguir o Espírito Santo. Como já mencionei, acho que costumamos nos preocupar muito mais com a reação das pessoas do que com a maneira pela qual o Espírito Santo de Deus vai reagir. Achamos que isso pode irritar nossos amigos, ou então que não seremos aceitos por eles, ou mesmo que seremos considerados "diferentes" ou "esquisitos". Mas raramente paramos para pensar se nossas atitudes ou nosso estilo de vida desagradam ao Espírito do Deus vivo. Quando as coisas são vistas dessa perspectiva, a questão se torna muito mais séria!

É provável que você já esteja familiarizado com a ordem dada por Deus em 1Tessalonicenses 5:19: "Não apaguem o Espírito". Você está preocupado em obedecer a essa ordem? Sabe o que significa "apagar" ou extinguir o Espírito Santo? Durante anos, nunca dei muita atenção a esse assunto. Não dediquei muito tempo à compreensão do significado desse termo e como poderia estar incorrendo nesse pecado. Como a maioria das pessoas, eu presumia simplesmente que não estava extinguindo o Espírito e tocava a vida.

Hoje em dia, olho para trás e percebo que não apenas "apagava" o Espírito, como também desobedecia à recomendação do versículo seguinte: "Não tratem com desprezo as profecias..." (1Ts 5:20). Eu desprezava qualquer pessoa que afirmava trazer "uma palavra da parte do Senhor". Achava que era um desprezo justo, pois via muita gente usar esse argumento para manipular as pessoas em benefício próprio. Líderes de seitas se valem dessa expressão para manter seus seguidores e aumentar a própria autoridade. Como discordar ou mesmo argumentar com alguém que afirma ter ouvido uma mensagem diretamente de Deus?

Por essa razão, eu era contra tudo isso. Ficava aborrecido com qualquer pessoa que aparecesse com esse discurso profético. Ao olhar para trás, penso que minhas preocupações eram até legítimas, mas minhas atitudes não eram. A resposta bíblica deveria ser outra, baseada em 1Tessalonicenses 5:21-22: "... ponham à prova todas as coisas e fiquem com o que é bom. Afastem-se de toda forma de mal". Em vez de rejeitar a possibilidade de Deus falar de modo sobrenatural por intermédio de seu povo, eu deveria colocar à prova o que estava ouvindo dentro do contexto da comunidade de fé.

Outro teste legítimo para as profecias é o potencial para edificar. O propósito da profecia é encorajar e fortalecer o corpo de Cristo. Como todos os outros dons, se não for resultado do amor, ela perde o sentido (1Co 13:2,8; 14:3,31). Trata-se de um bom antídoto à minha inclinação prévia de ignorar todo tipo de discurso profético. Ao fazer isso, eu estava impedindo a operação do Espírito Santo, e não quero voltar a cometer esse erro.

Em contrapartida, se as igrejas que aceitam as manifestações proféticas fossem mais rigorosas na rejeição dos falsos profetas, apontando suas contradições bíblicas ("evitando o mal"), então talvez o mundo conservador fosse menos cético em relação às profecias. Se em algum lugar existisse um sistema sadio de responsabilidade comunitária e compromisso com a integridade bíblica, então talvez não nos apressássemos tanto em extinguir o Espírito Santo no que diz respeito a esse aspecto. Tomaríamos a iniciativa de "ficar com o que é bom", em vez de colocar as coisas boas e as ruins no mesmo balaio.

Outra forma importante de corrupção da verdade bíblica é ultrapassar os limites. Não, não estou contradizendo o que mencionei até agora. Não quero dizer "ultrapassar os limites" no sentido de a pessoa se tornar radical ou apaixonada demais no que concerne ao Espírito Santo. Uso essa expressão no sentido de ir além dos limites da ortodoxia bíblica; de inventar adições às Escrituras Sagradas ou de dar ouvidos a distorções da verdade, supostamente proferidas em nome do Espírito Santo, e aplicá-las em sua vida. É por isso que a ortodoxia (no sentido de um compromisso com uma vida exegética) e o radicalismo (no sentido de estar disposto a fazer o que o Espírito ordenar e ir aonde ele mandar, não importando se faz sentido ou não) na esfera comunitária são vitais quando as pessoas desejam viver de acordo com a orientação do Espírito Santo.

Alguns conservadores podem extinguir o Espírito ao ignorar sua operação, mas, com certeza, colocar palavras contrárias à Bíblia na boca de Deus também é uma forma de apagá-lo. Precisamos do Espírito Santo para viver fielmente, mas também precisamos uns dos outros à medida que aprimoramos nossa fé.

Pare um pouco e pense nos temores que você guarda a respeito do Espírito Santo. Pode ser que leve algum tempo para identificar todas as suas atitudes e reações em relação ao Espírito Santo. Não esconda seus medos. Admita-os, primeiro para si mesmo, e em seguida diante de Deus (que já conhece todos e, mesmo assim, deseja que os compartilhemos com ele). Ao se apresentar ao Senhor, seja sincero sobre o fato de seu medo de decepcionar as pessoas ser maior do que o de extinguir o Espírito Santo; ou de não acreditar de fato que ele cumprirá suas promessas; ou qualquer outra coisa que você sinta em relação a ele.

Por fim, fale a respeito disso com pessoas nas quais você confia, gente com quem você possa conversar sobre esses assuntos. Permita que o Espírito Santo continue operando e libertando você desse temor e dessa inibição desnecessários — ou, pelo contrário, da falta de bom senso em relação aos limites. Renda-se e convide-o a habitar verdadeiramente em sua vida, não importa o que isso signifique e aonde isso pode levar.

Sei que, ao escrever um livro sobre o Espírito Santo, serei rotulado. A ironia é que nem eu mesmo sei como me rotular. Encontrei a salvação em uma igreja batista, frequentei um grupo de estudos bíblicos carismático, estudei em um seminário conservador ao mesmo tempo que trabalhava em igrejas avivadas, envolvi-me em movimentos pentecostais e preguei nas mais variadas conferências denominacionais.

Não tenho sequer a certeza de como devo rotular minha igreja atual. Tudo o que sei é que cremos, com convicção, no Espírito Santo e desejamos experimentar mais e mais dele a cada minuto. Quando damos a devida atenção a isso, será que sobra alguma outra coisa que realmente precisemos saber? Será que precisamos rotular uns aos outros como "conservadores", "carismáticos" ou "radicais"? Qual o objetivo disso? Vamos nos concentrar em crer nas promessas que Deus nos fez, na submissão de nossos temores a ele e na rendição de nossa vida de maneira integral à obra e ao desejo de Deus e de seu Espírito Santo.

## Domingo e Irene Garcia

Ele é mecânico. Ela, cabeleireira. Criaram 32 crianças e adotaram dezesseis. Domingo e Irene já estão chegando à faixa dos sessenta anos, e atualmente moram com onze filhos. Eles me dizem que adotariam ainda mais, se pudessem. Imagine o amor, a alegria, a paz, a paciência, a gentileza, a bondade, a fidelidade e o autocontrole necessários para levar essa tarefa a cabo.

Domingo e Irene levaram mais a sério a ordem contida em Tiago 1:27 (cuidado com os órfãos) do que qualquer outro norte-americano que eu conheça. Enquanto outras pessoas da idade deles estão tentando imaginar como viver de maneira mais confortável, esse casal não consegue parar de pensar nas quinhentas mil crianças dos Estados Unidos que precisam de pais para cuidar delas. Ao mesmo tempo que Domingo e Irene veem esses meninos e meninas como uma grande bênção, também têm plena consciência das dificuldades que precisam enfrentar dia após dia. A perseverança tem sido a chave, especialmente há alguns anos, quando um de seus filhos adotivos se enforcou no banheiro. Ainda que seus dias sejam repletos de alegrias, eles também passaram por muitas situações nas quais perseveraram por pura obediência ao Senhor.

Deus nunca deixou que lhes faltasse coisa alguma. Certa vez, eles precisaram construir mais um cômodo na casa em que moram para que pudessem receber mais crianças. Não tinham o dinheiro, por isso Irene orou com fervor. Quando ergueu os céus em oração, a primeira coisa que viu foi um anúncio de uma empreiteira. Na mesma hora, ela perguntou ao Senhor: “É essa a resposta à minha prece?”. Dias depois, um dos líderes de sua igreja soube da necessidade do casal e se ofereceu para construir o cômodo extra de graça. Adivinhe quem era essa pessoa: o mesmo empreiteiro cujo nome Irene tinha visto no anúncio.

Uma das bênçãos maravilhosas que eles puderam desfrutar foi ver como seus filhos biológicos seguiram seus passos. Um deles tem dois filhos biológicos e dois adotados. Outro filho tem três filhos biológicos e três adotados. Eles vivem uma vida tão extraordinária que o noticiário da rede de TV norte-americana CBS fez uma reportagem sobre essa família. Até mesmo o mundo secular nota o amor incomum e sobrenatural que esses dois têm mostrado às pessoas carentes.

Para aqueles que pensam que Domingo e Irene sempre foram tão generosos quanto hoje em dia, permitam-me falar um pouco sobre o passado dos dois (eles me deram essa permissão). Irene já falou publicamente sobre os primeiros tempos do casamento, época em que ela sentia um grande ódio em relação a Domingo. Ele a maltratava, e ela orava o tempo todo para que ele morresse. Irene chegou a ponto de imaginá-lo despencando com o carro do alto de uma ribanceira por causa do sofrimento que o marido infligia a ela. Agora Irene diz que Domingo é o homem mais bondoso que ela conhece.

Para quem acha que sua vida ou seu casamento não tem esperança, lembre-se de Domingo e Irene. Deus gosta muito de pegar as pessoas que enfrentam as situações mais difíceis e transformá-las pela ação de seu Espírito Santo.

# CAPÍTULO 3

## *A teologia fundamental do Espírito Santo*

> O que o Espírito Santo faz? Suas obras são inefáveis em majestade e inumeráveis em quantidade. Como podemos conceber algo que se estende além das gerações? O que ele fazia antes do início da Criação? Quão grandes são as graças que ele derramou sobre as coisas criadas? Com que grande poder ele governará as eras que ainda estão por vir? Ele existia; ele preexistia; ele coexistia com o Pai e o Filho antes das gerações. Mesmo que você consiga imaginar alguma coisa além das eras, descobrirá que o Espírito Santo está muito além.
>
> São Basílio Magno

Talvez você questione o motivo pelo qual falo sobre a teologia do Espírito Santo neste capítulo. Os aspectos mais importantes da vida não são o que as pessoas *fazem* e como *vivem*? Será que faz tanta diferença o que elas *pensam* sobre alguma coisa?

São questões legítimas.

O que você faz e como você vive são aspectos absolutamente vitais. Sem obras e sem fruto, toda a teologia do mundo faz pouco sentido. Mas a teologia continua sendo importante — as coisas em que você acredita determinam, sem dúvida alguma, sua maneira de agir. Por isso, enquanto a boa teologia pode nos levar a viver uma vida de temor a Deus, uma teologia ruim sempre aponta para a direção errada.

Quando estudamos o Espírito Santo, a teologia ruim pode nos conduzir a uma vida ineficaz ou, pior do que isso, a uma vida desperdiçada no esforço de conquistar alguma coisa a que o Espírito de Deus se opõe. Por isso, neste capítulo fundamentaremos melhor nossa compreensão a respeito do Espírito Santo analisando alguns princípios bíblicos básicos relacionados a quem ele é e o que ele faz.

Em minha época de estudante seminarista, encontrei muitos acadêmicos muito mais inteligentes do que eu, e vários deles passaram anos estudando aspectos particulares da teologia. Li com frequência artigos escritos por pessoas brilhantes que tinham visões opostas sobre as mais variadas questões, e foi difícil chegar à conclusão de que aquilo em que eu realmente cria estava certo. Cada lado da discussão apresentava argumentos convincentes e bem fundamentados (como eu mencionei, eram pessoas brilhantes).

Quando eu finalmente estava para terminar meus estudos em algum desses assuntos, em geral mostrava certa inclinação a um lado em particular, mas raramente podia dizer que tinha certeza total a respeito daquilo. Havia sempre uma sombra de dúvida. E nunca me senti à vontade com a declaração que um professor fez: "Se você está com 51% de certeza, pregue como se tivesse certeza absoluta". Para mim, isso é uma forma de enganar as pessoas. E mesmo que eu tenha 90% de certeza, por que não assumir isso?

Ainda que alguns dos debates e das conversas em que nos envolvemos sejam secundários e não precisemos chegar a uma solução definitiva para vivermos em fidelidade a Deus, muitas questões teológicas são muito importantes, vitais mesmo para a nossa fé. São elas que, acreditamos, determinam nossa maneira de agir.

Quando se trata da doutrina do Espírito Santo, não quero cair na armadilha de fazer distinções abstratas ou confusas. Quero me concentrar nas questões teológicas que moldam a nossa fé e o nosso comportamento.

À medida que eu elaborava este capítulo, percebia quão ridículo pode ser para uma pessoa, seja ela quem for, dizer que pretende explicar o que é o Espírito Santo. A Bíblia diz que não podemos compreender Deus por completo, e tenho certeza de que não sou uma exceção a essa regra. Há coisas a respeito de Deus que permanecem envolvidas em segredo e mistério — coisas que jamais saberemos a respeito dele. Mas também há muitas coisas reveladas, e a essas temos acesso (Dt 29:29).

Neste capítulo, vou falar sobre algumas das coisas que foram reveladas sobre o Espírito Santo. Falarei sobre o que ele faz em nossa vida e no mundo, e sobre como ele é. Tenha em mente que não se trata de um estudo exaustivo sobre o Espírito Santo. Não pretendo abordar cada versículo da Bíblia que se refere ao Espírito Santo, porque, mesmo que o fizesse, o Espírito de Deus é infinito e não pode ser completamente compreendido pelos seres humanos.

Saiba que, mesmo buscando entender mais e mais o Espírito, ele é muito maior do que você jamais seria capaz de assimilar. Isso não é desculpa para deixar de buscar um conhecimento maior do Espírito Santo, mas não o limite ao que você pode aprender sobre ele. O objetivo não é compreender Deus totalmente, mas como adorá-lo. Permita que o próprio fato de *não poder* entender Deus em sua totalidade leve você a louvá-lo por sua infinita grandeza.

Ao nos envolvermos nessa conversa, não devemos nos esquecer de que estamos pisando em solo sagrado. O Espírito Santo trouxe vida à criação e continua sustentando-a. Como lemos no livro de Jó, "o Espírito de Deus me fez; o sopro do Todo-poderoso me dá vida" (33:4). Só posso continuar escrevendo porque ele me permite. Você só pode continuar lendo porque ele o capacita e sustenta para tal.

Já vi o Pai, o Filho e o Espírito Santo sendo descritos como as três partes de um ovo: a casca, a clara e a gema. Também ouvi algumas pessoas dizendo que Deus é como um trevo de três folhas: ele possui três "braços", mas os três fazem parte daquele único trevo. Outra comparação popular é com os três estados da água: líquido, sólido (gelo) e gasoso (vapor).

Ainda que tudo isso sirva como belas metáforas para explicar um mistério inexplicável, o fato é que Deus não é *como* um ovo, um trevo de três folhas ou os três estados da água. Deus não é *igual* a coisa alguma. Ele é incompreensível, incomparável e completamente diferente de qualquer outro ser. Está além de nossa dimensão de existência e, por essa razão, além de nossa capacidade de classificá-lo. As analogias podem até ser úteis na compreensão de determinados aspectos de Deus, mas devemos tomar cuidado para não achar que elas podem, de alguma maneira, esgotar a explicação sobre a natureza divina.

Adoro o versículo do livro de Isaías que as pessoas geralmente interpretam como uma passagem bíblica natalina. O texto diz:

"Porque um menino nos nasceu, um filho nos foi dado, e o governo está sobre os seus ombros. E ele será chamado Maravilhoso Conselheiro, Deus Poderoso, Pai Eterno, Príncipe da Paz" (Is 9:6). Bem aqui, neste versículo tão citado, vemos uma referência sobre o Filho como sendo o "Conselheiro" e o "Pai"! Essa passagem bíblica (e muitas outras) impedem que tentemos simplificar demais um mistério divino. Não é algo facilmente divisível em três pontos principais que fazem sentido, mas funciona bem. E é lindo. O Pai, o Filho e o Espírito Santo são Um.

Ao começarmos a estudar verdades básicas a respeito do Espírito Santo, poderíamos partir do livro de Gênesis, onde constatamos que o Espírito Santo estava presente e ativo na criação do Universo, e a partir daí traçar um mapa de suas ações ao longo de todo o Antigo Testamento. Mas começaremos nossa visão geral no livro de Atos, quando o Espírito desceu e começou a habitar nos discípulos. Os primeiros dois versículos do capítulo 2 dizem que "estavam todos reunidos num só lugar" e que "de repente veio do céu um som, como de um vento muito forte". O texto afirma que esse vento "encheu toda a casa na qual estavam assentados".

Imagine comigo essa cena. Jesus Cristo, a pessoa que você passou os últimos três anos seguindo, aquele a quem dedicou sua vida, havia simplesmente subido ao céu. Você viu com os próprios olhos. Você e aquelas pessoas que se tornaram tão próximas quanto sua própria família estão todos reunidos em Jerusalém, na casa de alguém, esperando. Você sabe que alguma coisa está para acontecer porque Jesus falou sobre isso. Ele disse que vocês deveriam esperar, mas ninguém sabe exatamente pelo quê (ou, nesse caso, por quem). Talvez você esteja cansado de tanto se perguntar quantos dias faltam para que isso (seja lá o que for, porque você não faz a menor ideia) aconteça.

De repente, um som enche a casa inteira. E, então, línguas de fogo aparecem e descem sobre cada pessoa presente. E aí acontece. O versículo 4 diz: "Todos ficaram cheios do Espírito Santo...". Veja bem, estamos falando daqueles mesmos discípulos que se dedicaram a seguir Jesus, não importando o sacrifício, mas que se espalharam assim que o Mestre foi preso. No episódio narrado nessa passagem bíblica, eles estavam reunidos e, sem dúvida, confusos a respeito de como deveriam proceder, agora que Jesus havia ascendido ao céu. Mesmo assim, quando o Espírito Santo desceu e passou a habitar neles, ocorreu uma mudança radical. A partir daquele momento, nenhum dos discípulos ali presentes foi a mesma pessoa.

O livro de Atos é um testemunho desse fato. Lemos sobre Estêvão, o primeiro mártir. Vemos Pedro, um homem corajoso e transformado. Vemos Paulo (antes conhecido como Saulo) deixando de matar os seguidores de Cristo para se tornar um deles e mostrando às pessoas como fazer para seguir o Salvador. Eles não estavam mais tímidos ou confusos; agora eram pessoas corajosas, inspiradas, e começaram a anunciar e viver o evangelho de Jesus por meio do poder do Espírito Santo. Pense na grandeza que esse momento representou na vida dos discípulos.

Uma multidão estava reunida. Pedro pregou um sermão poderoso, e, quando ouviram as palavras dele, os que estavam presentes "ficaram aflitos em seu coração". Perguntaram como deveriam reagir. Pedro respondeu:

> Arrependam-se, e cada um de vocês seja batizado em nome de Jesus Cristo para perdão dos seus pecados, e receberão o dom do Espírito Santo. Pois a promessa é para vocês, para os seus filhos e para todos os que estão longe, para todos quantos o Senhor, o nosso Deus, chamar.
>
> Atos 2:37-39

O texto afirma que, naquele dia, três mil pessoas se tornaram integrantes do reino de Deus e aceitaram o dom do Espírito Santo.

Acho desnecessário discutir sobre a partir de que ponto o Espírito Santo se torna parte da vida de uma pessoa. Em meu caso, será que foi quando orei pela primeira vez, ainda na infância, e acreditei que estava falando com alguém? Será que foi no início do ensino médio, quando levantei minha mão depois de ouvir a mensagem de um evangelista que literalmente me aterrorizou? Será que foi quando fui batizado? Será que foi na minha adolescência, quando realmente estabeleci um relacionamento pessoal com Jesus? Poderia ter sido na faculdade, quando fui à frente durante um estudo bíblico carismático para "receber o Espírito Santo"? Ou foi mais tarde, quando optei por render minha vida integralmente a Jesus?

É muito fácil cair na armadilha de se concentrar nessas perguntas e deixar passar o que há de mais crucial na mensagem de Pedro. Quando preguei a respeito dessa passagem em minha igreja, minha filha de sete anos, Mercy, entendeu. Ela se aproximou de mim depois do culto e disse: "Papai, quero me arrepender de meus pecados, ser batizada e receber o dom do Espírito Santo". Adorei a simplicidade e a grandeza de sua fé. Ela não precisava discutir os pontos mais complicados — quando e como, exatamente, o Espírito Santo viria. Só queria obedecer à passagem bíblica da melhor maneira possível. Sei que Mercy não possui o conhecimento bíblico que muitos de nós temos, mas me pergunto: quantos de nós possuímos a fé que ela demonstrou?

Você reage da mesma maneira diante da Palavra? Está claro para você que deve se arrepender, ser batizado e receber o Espírito

Santo? Se está, você já o fez? Se não fez, o que o impede de fazê-lo hoje mesmo?

Por que será que, às vezes, sentimos que precisamos entrar em uma discussão interminável sobre essa questão, analisando em detalhes cada situação hipotética possível e respondendo primeiro a todas as perguntas de ordem teológica? Quando será que simplesmente responderemos de maneira positiva à verdade que ouvimos e, em seguida, pensaremos nas perguntas com base nessa experiência?

Agora que temos um contexto para relacionar com a vinda do Espírito Santo aos primeiros discípulos e o que somos instruídos a fazer em resposta a essa iniciativa divina, passaremos a nos concentrar em algumas verdades práticas a respeito de quem o Espírito é e o que ele faz em nossa vida.

Em primeiro lugar, *o Espírito Santo é uma pessoa.* Ele não é um "poder" ou uma "coisa" meio vaga. Costumo ouvir algumas pessoas se referindo ao Espírito como se fosse uma "coisa" ou uma "força" que podemos controlar ou usar. Essa distinção pode parecer sutil ou trivial, mas é, na verdade, um grande equívoco em relação ao Espírito e ao seu papel em nossa vida. Em João 14:17, lemos que o Espírito Santo "vive com vocês e estará em vocês".

Isso nos conduz a um relacionamento com o Espírito Santo. Não se deve achar que podemos tratar o Espírito como um poder subordinado a nós para realizar os nossos propósitos. O Espírito Santo é uma pessoa que se relaciona não apenas com os que creem, como vimos, mas também com o Pai e o Filho. Vemos o Espírito trabalhando de forma conjunta com o Pai e o

Filho várias vezes ao longo das Escrituras Sagradas (cf. Mt 28:19; 2Co 13:14).

Segundo, *o Espírito Santo é Deus.* Ele não é menor ou de natureza diferente em relação a Deus Pai e a Deus Filho. O Espírito é Deus. As palavras "Espírito" e "Deus" são usadas de maneira relacionada e alternada no Novo Testamento. Em Atos, lemos o seguinte sobre o desafio que Pedro faz a Ananias:

> Então perguntou Pedro: "Ananias, como você permitiu que Satanás enchesse o seu coração, a ponto de você mentir ao Espírito Santo e guardar para si uma parte do dinheiro que recebeu pela propriedade? [...] O que o levou a pensar em fazer tal coisa? Você não mentiu aos homens, mas sim a Deus.
>
> Atos 5:3-4

Nesses versículos, vemos como Pedro se refere explicitamente ao Espírito Santo como Deus. É fundamental nos lembrarmos disso. Quando nos esquecemos do Espírito, estamos, na verdade, nos esquecendo de Deus.

Terceiro, *o Espírito Santo é eterno e santo.* Lemos no evangelho de João sobre a promessa que Jesus fez aos discípulos, de que o Espírito estaria com eles para sempre (14:16). E em Hebreus vemos que foi por intermédio do "Espírito eterno" que Jesus "se ofereceu de forma imaculada a Deus" (9:14). O Espírito não é simplesmente um ser espiritual, volúvel e excêntrico, que vem e vai como o vento. Ele é um ser eterno. O Espírito também é santo. Obviamente, costumamos nos referir a ele como "Espírito Santo", e isso é reforçado ao longo de todo o Novo Testamento (Rm 1:4 e 5:5 são dois exemplos). Mas pense neste fato verdadeiramente impressionante: pelo fato de o Espírito ser santo e habitar em nós, nosso corpo é um santuário sagrado, do ponto de vista divino. Costumamos negligenciar nosso corpo, tratando-o como fonte de pecado e origem de nossa queda; no entanto, é justamente nele que Deus Espírito Santo escolheu habitar!

Quarto, *o Espírito Santo tem mente própria e ora por nós.* Romanos 8:27 diz: "E aquele que sonda os corações conhece a intenção do Espírito, porque o Espírito intercede pelos santos de acordo com a vontade de Deus". Não sei o que você acha disso, mas, para mim, a ideia de que o Espírito de Deus intercede pela minha vida segundo a vontade de Deus é extremamente confortadora.

Por várias vezes em minha vida, eu não soube como orar, tanto por mim quanto pelos outros. Em outras oportunidades, orei por bobagens.

Por exemplo, certa vez eu estava jogando golfe com alguns amigos e decidi que queria mesmo era ganhar. Assim, em um momento de pura superficialidade, orei para Deus me capacitar a jogar como nunca havia jogado antes. Acho que o Espírito Santo também estava orando, pois naquele dia joguei muito mal — talvez o pior jogo de minha vida. O Espírito Santo sabia que eu precisava trabalhar minha raiva e minha humildade, em vez de alimentar meu orgulho. Em qualquer situação, podemos não saber exatamente como devemos orar ou o que precisamos fazer; no entanto, podemos confiar no fato de que o Espírito Santo conhece nosso coração e a vontade de Deus, e ele está sempre intercedendo a nosso favor.

Quinto, *o Espírito tem emoções.* Durante muito tempo, toda vez que eu lia que não devemos entristecer o Espírito Santo (cf. Is 63:10; Ef 4:30), achava que aquilo era um pouco de exagero. Parecia quase uma irreverência dizer que eu poderia entristecer Deus. Quem sou eu para ter esse poder sobre o Espírito? Isso não pode estar certo. Na verdade, parecia até mesmo errado dizer que Deus tem sentimentos; por alguma razão, eu achava que isso o depreciava.

Lutei com esses pensamentos por algum tempo até que, por fim, me dei conta da procedência deles. Em nossa cultura, ter sentimentos ou emoções é equivalente a ter uma fraqueza. Tratase de uma mentira profundamente enraizada na mente de muitas pessoas.

Foi Deus quem criou os sentimentos. É claro que, como acontece com qualquer outra coisa, podemos usá-los mal ou abusar deles. No entanto, o objetivo e o propósito dos sentimentos procedem de Deus. E, se foi ele quem criou as emoções, por que é tão difícil crer que o Senhor também as tenha? O Espírito se entristece quando há uma ruptura em algum relacionamento, seja com Deus, seja com outras pessoas. Quando estamos desunidos, rancorosos, com ódio ou ciúmes ou fazendo intrigas, entre outras coisas ruins, é aí que entristecemos o Espírito de Deus. E, como ele é o criador das emoções, acredito que o Espírito se entristece ainda mais do que podemos compreender.

Como você reage ao ouvir isso? Fica aborrecido? Quando foi a última vez que se entristeceu por saber que seu pecado magoou o Espírito Santo?

Faz algum tempo, duas mulheres de minha igreja ficaram com muita raiva uma da outra. Sentamos nós três em meu gabinete, e ouvi enquanto elas apresentavam de maneira passional as razões para sua frustração. Não tive a sabedoria de determinar quem estava "mais errada". Apenas chorava conforme elas falavam. Disse-lhes que eu estava profundamente triste porque sabia quanto aquilo desagradava a nosso Pai celestial. É raro encontrar alguma situação que me leve às lágrimas, mas houve várias oportunidades em que me senti tomado pela tristeza pelo fato de algum membro da Igreja Cornerstone estar desagradando ao Espírito Santo por um ato de teimosia ou falta de perdão.

Acredito que, se realmente nos importássemos com a tristeza do Espírito Santo, haveria menos brigas, divórcios e divisões em nossas igrejas. Talvez isso não aconteça por falta de fé, e sim por falta de preocupação. Oro pelo dia em que os cristãos se importarão mais com a tristeza do Espírito do que com a própria. Na verdade, oro no sentido de que alguns dos leitores deste livro sejam quebrantados por causa da tristeza que causaram ao Espírito Santo — tão quebrantados que fechem o livro por alguns momentos e procurem resolver quaisquer conflitos que impeçam a comunhão deles com outros cristãos. "Façam todo o possível para viver em paz com todos" (Rm 12:18).

Sexto, *o Espírito Santo tem vontades e desejos próprios.* Em 1Coríntios 12:11, lemos que os dons espirituais são concedidos "pelo mesmo e único Espírito", e ele os distribui "individualmente, a cada um, como quer". Trata-se de um recado importante para nos lembrarmos de *quem* está no controle. Assim como não podemos escolher os dons que recebemos, também não podemos determinar o que Deus deseja fazer por nosso intermédio ou por meio da igreja. O Espírito tem um plano para a nossa vida, para cada um de nós. E ele tem um plano para a igreja, tanto no que diz respeito à sua comunidade local quanto ao Corpo de Cristo por todo o mundo.

Se você é como eu, provavelmente tem um plano para sua vida, para sua igreja e, talvez, até mesmo para o Corpo de Cristo. É por isso que todos precisamos desesperadamente orar como Jesus: "Não seja feita a minha vontade, mas a tua, Pai".

Sétimo, *o Espírito Santo é onipotente, onipresente e onisciente.* São palavras teológicas que significam, em essência, que o Espírito é todo-poderoso (cf. Zc 4:6), está presente em todo lugar (cf. Sl 139:7-8) e conhece todas as coisas (cf. 1Co 2:10b), respectivamente. Esses são alguns dos atributos divinos que jamais conseguiremos assimilar de maneira completa, pois somos seres humanos e, portanto, finitos. Em Isaías, lemos: "Quem definiu limites para o Espírito do Senhor, ou o instruiu como seu conselheiro?" (40:13). Embora jamais sejamos capazes de articular com perfeição ou entender completamente esses atributos, que esses aspectos do Espírito nos levem a louvar a Deus, mesmo que o façamos com palavras imperfeitas e que não compreendamos tudo!

Se o Espírito Santo habita em você, várias coisas devem se tornar parte de sua vida. Vou falar sobre várias delas, mas não se permita apenas ler esses itens, como se estivesse consultando uma lista de supermercado. Se você se limitar a passar os olhos nessa lista, deixará de aproveitar o conteúdo desta parte do livro, que é a minha preferida. Eu fui beneficiado em grande medida quando li cada uma dessas promessas, meditei nelas e pedi que fossem cumpridas. Dedique tempo a todas elas. Pense em como podem se manifestar em sua vida. E, se alguma não puder, passe algum tempo pedindo a Deus aquela coisa específica.

- O Espírito nos ajuda a falar quando estamos em situações complicadas e precisamos testemunhar (cf. Mc 13:11; Lc 12:12).
- O Conselheiro nos ensina o que precisamos saber e lembra o que precisamos recordar. Ele é nosso consolador, nosso mentor, nosso motivador e nossa força. Ele nos guia no caminho que devemos trilhar (cf. Sl 143:10; Jo 14:16; At 9:31; 13:2; 15:28; 1Co 2:9-10; 1Jo 5:6-8).

- Recebemos poder do Espírito Santo para ser testemunhas até os confins da terra. É o Espírito que atrai as pessoas ao evangelho, que nos capacita com a força de que precisamos para realizar os propósitos divinos. O Espírito Santo não apenas leva as pessoas a Deus; ele também aproxima de Jesus os que creem (cf. At 1:8; Rm 8:26; Ef 3:16-19).
- Pelo poder do Espírito, entregamos à morte os delitos do corpo. O Espírito nos liberta dos pecados dos quais não podemos nos livrar por esforço próprio. Trata-se de um processo que dura a vida inteira, no qual nos engajamos em parceria com o Espírito quando passamos a crer (cf. Rm 8:2).
- Por intermédio do Espírito Santo, recebemos um espírito de adoção como filhos, o que nos leva a uma intimidade com o Pai, em vez de um relacionamento baseado no medo e na escravidão. O Espírito testemunha em nosso coração que somos filhos de Deus (cf. Rm 8:15-16).
- O Espírito Santo convence as pessoas do pecado. Ele faz isso tanto antes de estabelecermos um relacionamento correto com Deus quanto à medida que prosseguimos na jornada da vida, como cristãos (Jo 16:7-11; 1Ts 1:5).
- O Espírito nos proporciona vida e liberdade. Onde está o Espírito Santo, ali há liberdade, e não escravidão. Em um mundo maculado pela morte, trata-se de uma profunda verdade que aponta para nossa verdadeira esperança (Rm 8:10-11; 2Co 3:17).
- Pelo poder do Espírito Santo, somos ricos em esperança porque nosso Deus é um Deus de esperança, que enche seus filhos de alegria e paz (Rm 15:13).

- Como membros da comunidade do reino de Deus, cada um de nós recebeu uma manifestação do Espírito em nossa vida com o objetivo de promover o bem comum. Todos temos alguma coisa a oferecer por causa daquilo que o Espírito Santo nos concede (1Co 12:7).
- O fruto da orientação do Espírito de Deus inclui amor, alegria, paz, paciência, amabilidade, bondade, fidelidade, mansidão e domínio próprio. Essas atitudes e ações caracterizam nossa vida à medida que nos permitimos ser moldados pelo Espírito Santo. Ele é nosso santificador (2Co 3:18; Gl 5:22-23).

Minha esperança é que a leitura dessas verdades sobre o Espírito Santo levem você a um relacionamento ainda mais profundo e a uma reverência cada vez maior por ele — que a boa teologia conduza você a agir corretamente, a amar e a adorar de verdade.

É possível que, depois de ler esses versículos, você se pergunte por que essas coisas não fazem parte de sua vida. Não desanime. Peça a Deus que coloque mais amor em seu coração, que o ajude a entregar à morte os pecados da carne ou que use você para abençoar as pessoas. Lembre-se de que não podemos fazer nada disso por conta própria, e que essas são as coisas que o Espírito Santo opera em nossa vida. O Pai nos orienta a pedir isso a ele, e podemos fazê-lo confiantemente porque estamos pedindo por coisas que Deus nos promete na Bíblia. Que possamos crescer no relacionamento com o Espírito cada vez mais, e que o ignoremos e menosprezemos cada vez menos.

## Francis Schaeffer

Francis Schaeffer foi um norte-americano que nasceu em 1912 e morreu em 1984. Ele exerceu forte influência sobre a cultura e o pensamento cristãos. Há quem diga até que, à exceção de C. S. Lewis, ninguém contribuiu mais para a formação do pensamento popular cristão do século XX do que Schaeffer.

Ex-agnóstico, Schaeffer se tornou, com o tempo, pastor presbiteriano, teólogo e um eficiente apologista da fé. Ele reconheceu que o cristianismo e a Bíblia respondiam aos grandes questionamentos levantados pela filosofia, mas que havia pouco diálogo entre os teólogos e os filósofos. Por isso, deu início a esse diálogo.

Francis e sua esposa, Edith, mudaram-se para a Suíça depois do fim da Segunda Guerra Mundial. Chegando lá, seguiram a orientação divina e, pela fé, abriram as portas de sua casa como um lugar onde as pessoas em busca de respostas podiam levar seus questionamentos. As histórias sobre os episódios em que eles confiaram em Deus, tanto em termos financeiros quanto práticos, são muito inspiradoras. Quando tinham alguma necessidade, simplesmente oravam de coração, geralmente em turnos durante a noite, até que Deus providenciasse o que lhes faltava.

Os Schaeffer acreditavam que o cristianismo tem respostas para todos os aspectos da vida, e isso significa que questionamentos sinceros eram sempre bem-vindos. Do mesmo modo que buscavam Deus em sua mente, eles procuravam viver sua fé comunitariamente todos os dias. A mão de Deus os orientou de maneira peculiar no sentido de estabelecer o que viria a ser chamado L'Abri, termo em francês que significa "abrigo". Os Schaffer deram esse nome à casa porque muitas pessoas iam ali para fazer perguntas sinceras sobre Deus e o sentido da vida em um lugar seguro. L'Abri continua em atividade no mesmo local da Suíça onde foi fundado, e há muitos outros centros em todo o mundo.

Ao conversar com milhares de estudantes e viajantes que passaram por L'Abri (alguns passavam uma noite; outros levavam dias ou mesmo anos para sair), carregando os mais diferentes históricos de vida e de fé, Francis sempre explicava que, por intermédio da Bíblia, os seres humanos podem conhecer a "verdade verdadeira" sobre Deus e a respeito deles mesmos. Além de receber as pessoas que iam a L'Abri, ele também escreveu muitos livros, deu palestras em universidades e falou em vários países.

Francis realmente amava Deus de todo o coração e de toda a mente, e milhares de vidas foram (e continuam sendo) influenciados positivamente por causa disso. É o que acontece quando uma pessoa se submete ao Espírito Santo e permite que ele estabeleça seu [do Espírito] jeito de viver.[2]

# CAPÍTULO 4

## *Por que você o deseja?*

> A vida cristã, em todos os seus aspectos — intelectual, ético, devocional, relacional, nas explosões de adoração e no testemunho público —, é sobrenatural; apenas o Espírito pode dar início e sustentação a ela. Por isso é que, longe dele, não só deixam de existir cristãos vivos e congregações vivas, como também deixam de existir quaisquer tipos de cristãos e congregações.
>
> J. I. Packer

Meu palpite é que você adoraria ser cheio de poder sobrenatural do Espírito Santo. É provável que você nem estivesse lendo este livro se não fosse assim. A pergunta que desejo fazer é esta: por quê?

Há algum tempo, um homem que estava morrendo de câncer pediu à liderança da igreja que o ungissem com óleo e orassem por sua cura. Antes de orarmos, porém, fiz àquele homem uma pergunta que normalmente não faço: "Por que você deseja ser curado? Por que quer continuar vivo na terra?". O homem e todas as outras pessoas ali presentes pareciam ter ficado um pouco surpresos pelo fato de eu fazer uma pergunta tão brusca.

O motivo pelo qual fiz essa sondagem com aquele homem é que, na epístola de Tiago, somos lembrados de que, com frequência, não recebemos as respostas às nossas orações porque pedimos pelas razões erradas: "Quando pedem, não recebem, pois pedem por motivos errados, para gastar em seus prazeres" (Tg 4:3). Nosso desejo de viver deve ser baseado na intenção de louvar e glorificar o Deus que, antes de tudo, foi o responsável por nos colocar na terra.

Sendo assim, diga com sinceridade: por que você deseja a atuação do Espírito Santo em sua vida? Você quer experimentar mais do Espírito meramente por uma questão de benefício próprio? Quando a resposta é "sim", então não somos muito diferentes do mago Simão, que ofereceu dinheiro aos apóstolos para comprar o poder do Espírito Santo. A resposta de Pedro a Simão naquele contexto foi forte: "Pereça com você o seu dinheiro! Você pensa que pode comprar o dom de Deus com dinheiro?" (At 8:20).

O Espírito Santo não é uma mercadoria que possa ser comprada ou comercializada de acordo com nossos desejos, nossos caprichos ou mesmo com as necessidades que julgamos ter. Não podemos, de maneira alguma, falar a respeito do Espírito Santo sem entrar na questão das nossas motivações.

Neste exato momento, quero que você pare um pouco de ler e passe algum tempo se perguntando o porquê de desejar o Espírito Santo. É para ganhar mais poder? É para seu próprio benefício e propósito? Ou é porque você deseja experimentar tudo quanto Deus tem para sua vida? É porque você ama a igreja e deseja servir melhor seus irmãos e suas irmãs?

### O motivo certo

Assim como podemos ter nossos propósitos ao desejar a presença do Espírito Santo e seu poder em nossa vida, Deus também o faz!

O texto de 1Coríntios 12 nos diz que a cada seguidor de Cristo é dada "a manifestação do Espírito, visando ao *bem comum*" (v. 7, grifo do autor). Como já vimos, essas manifestações, os dons, "são realizadas pelo mesmo e único Espírito, e ele as distribui individualmente, a cada um, como quer" (v. 11).

Portanto, esses reflexos da presença do Espírito e de sua atividade em nossa vida não têm nada que ver com nossas capacidades naturais, e não os recebemos porque o conquistamos por esforço próprio ou fizemos por merecer. Como esses dons são concedidos de acordo com a vontade de Deus, e não a nossa, é preciso deixar claro que não podem ser usados para nos vangloriarmos nem para nossa recreação.

O Espírito distribui esses dons espirituais a cada pessoa de maneira deliberada, segundo a vontade e os propósitos dele. O propósito mais óbvio e declarado dessas manifestações é a promoção do bem e da edificação da igreja. O Espírito deseja nos usar quando nosso coração está alinhado com sua visão, quando estamos cheios de um amor genuíno pela igreja e quando desejamos ver a igreja crescer em amor por Deus e pelos outros.

Em uma escala de 1 a 10, até que ponto você ama a igreja? Quando olha ao redor e vê seus irmãos e suas irmãs, você pensa: "Eu amo demais essas pessoas e oro para que Deus me capacite, de alguma forma, a incentivá-las a se aprofundar na jornada com Deus"? O Espírito Santo concedeu a você uma capacidade sobrenatural de servir as pessoas que Deus colocou em sua vida. Se Deus se importa tanto com sua igreja a ponto de dar-lhe essa capacidade espiritual, não seria o caso de você também se importar com ela e usar esse dom para o mesmo propósito?

O apóstolo Paulo queria desesperadamente ir para o céu, mas ele se angustiava com essa ideia, pois amava muito a igreja. Seu amor pela igreja era a única coisa que o mantinha vinculado à vida na terra. Ele escreveu:

> Estou pressionado dos dois lados: desejo partir e estar com Cristo, o que é muito melhor; contudo, é mais necessário, por causa de vocês, que eu permaneça no corpo. Convencido disso, sei que vou permanecer e continuar com todos vocês, para o seu progresso e alegria na fé...
>
> Filipenses 1:23-25

Você se identifica com o propósito da vida de Paulo e seu amor pela igreja? Há muita gente buscando o Espírito Santo pelos motivos errados.

**Atenção**

O Espírito Santo trabalha para glorificar Cristo (Jo 16:14), mas há muitas pessoas que enfatizam a ação do Espírito para atrair atenção sobre elas mesmas. A igreja em Corinto era conhecida por isso. Ela se transformou em um caos porque as pessoas não estavam preocupadas com o aprimoramento da comunidade. Elas estavam tentando usar as manifestações do Espírito para glória pessoal. Não tinham interesse no que Deus estava fazendo na vida de outras pessoas; só queriam mostrar o que Deus estava fazendo na vida delas. Essa briga para chamar atenção resultou em uma enorme confusão, pois todos tentavam falar ao mesmo tempo (cf. 1Co 14:23-33).

Um sinal claro da operação do Espírito Santo é o engrandecimento de Cristo, e não das pessoas. A autoglorificação é algo com que muitos de nós lutamos. Continuo lutando contra meu orgulho, mas Deus tem me ensinado a ver as coisas da perspectiva dele.

Quando eu era mais jovem, boa parte de mim ansiava pelo poder de Deus em minha vida porque eu queria chamar atenção. Agora desejo o poder de Deus porque não quero chamar atenção. Jesus diz em Mateus 5:16: "Assim brilhe a luz de vocês diante dos homens, para que vejam as suas boas obras e glorifiquem ao Pai de vocês, que está nos céus". É possível para nós realizar coisas incríveis para o reino e, mesmo assim, levar as pessoas a glorificar o Senhor, e não nós mesmos. Isso já aconteceu com você? Ou as pessoas o elogiam pelas boas obras que você realiza?

Quando o Espírito Santo opera verdadeiramente, Deus é o único que recebe louvor. Jesus é o único exaltado. Quando o Espírito operou no dia de Pentecoste, as pessoas sabiam que havia um poder presente que procedia de Deus. É por isso que não saíram daquele lugar dizendo que João era uma pessoa impressionante por ter aprendido uma nova língua em questão de segundos. Eles sabiam que aquilo só poderia proceder de Deus. Oremos para que Deus nos capacite de maneira tão radical que não queiramos a glória. Que as pessoas vejam nossas obras e glorifiquem a Deus.

> Assim acontece com vocês. Visto que estão ansiosos por terem dons espirituais, procurem crescer naqueles que trazem a edificação para a igreja.
>
> 1Coríntios 14:12

### Em busca dos milagres

É verdadeiramente impressionante (tento não usar demais essa palavra, mas, acredite, ela funciona muito bem aqui) quando um milagre acontece — quando você experimenta alguma coisa que não poderia acontecer por meios naturais. Ainda estou para conhecer alguém que nunca quis ver um milagre. Minha preocupação é com o fato de eu conhecer muita gente cuja ansiedade pelos milagres é maior do que o desejo de buscar Deus.

Muita gente quer falar sobre coisas sobrenaturais, como milagres, curas ou profecias. No entanto, quando nos concentramos nessas coisas de maneira desordenada, logo perdemos o norte. Deus nos chama para buscá-lo, e não para buscar as coisas que ele pode fazer por nós ou mesmo em nosso meio. As Escrituras enfatizam que devemos desejar o fruto, que devemos nos preocupar em ser mais parecidos com o Filho. Deus quer que procuremos ouvir a voz do Espírito Santo e a obedeçamos. O principal de tudo isso nunca foram os milagres por si sós. Eles ocorreram quando menos se esperava, quando as pessoas demonstraram fidelidade e se concentraram em servir e amar umas às outras.

Deus quer que confiemos nele para providenciar os milagres quando ele achar que são necessários. Ele não se limita a sair por aí, produzindo milagres de uma maneira mecânica, como se bastasse escolher um lugar, fazer a oração certa e pronto. Milagres nunca são um fim em si mesmos; são sempre um meio de indicar e realizar alguma coisa maior.

Eu adoraria testemunhar mais milagres. Mas, quando fazemos deles o foco de nossa energia e atenção, ignoramos as prioridades que Deus nos manda perseguir e impomos nossos próprios desejos ao Senhor. Às vezes, chegamos até a lembrar Satanás, que disse a Jesus para saltar do alto do templo e realizar um milagre. É claro que Deus poderia ter evitado que Jesus se machucasse ao pular, mas o Filho de Deus se recusou a colocar o Pai à prova (cf. Mt 4:7), "obrigando-o" a realizar um milagre.

Deus realiza milagres quando julga adequado e para cumprir seus propósitos. Precisamos fugir da tentação de clamar por milagres que Deus nunca prometeu realizar. Em vez disso, somos convocados a nos concentrar nas prioridades que ele determinou para nós nas Escrituras e a pedir ao Espírito Santo que nos conceda *o que ele achar melhor*. Peça a ele que o capacite de modo sobrenatural a amá-lo, assim como amar os outros. E confiemos em Deus para realizar os milagres para a glória dele, no tempo dele e da maneira dele.

Também precisamos identificar sua ação em meio a nossos afazeres diários. Por exemplo, talvez seja realmente sobrenatural, para quem vive hoje no sul da Califórnia, não ser materialista. Era comum para mim, ao passar por uma grande experiência de adoração, pedir a Deus que a repetisse na oportunidade seguinte que eu tivesse de cultuá-lo. Como aquela criança que fica impressionada ao ver um truque do mágico, eu orava: "Faça de novo!". Uma coisa que aprendi sobre Deus ao longo dos anos, porém, é que ele raramente "faz de novo". Ele é o Criador, o que significa que é (entre outras coisas) um Deus criativo.

Se esperamos que Deus realize determinados milagres ou nos conceda uma experiência em particular, corremos o risco de sucumbir à tentação de manipular ou mesmo forjar experiências sobrenaturais. A questão principal nisso tudo é que somos chamados apenas a buscar Cristo e obedecer-lhe cada dia mais, em vez de buscar as coisas sobrenaturais como um fim em si mesmas.

## Seguidores ou líderes?

Já tentei, por várias vezes, determinar o que o Espírito Santo deveria fazer. Eu queria direcioná-lo, dizendo a ele o que fazer e quando fazer. A ironia é que o Espírito Santo foi enviado para nos orientar. Desejar o Espírito Santo quer dizer que permitimos a ele que nos guie. Por definição, é ridículo desejar o Espírito para o cumprimento de nossos propósitos. Ele não é um poder passivo que podemos manejar da maneira que nos convier.

O Espírito Santo é Deus, um ser que exige nossa submissão à sua autoridade para nos orientar. Você deseja mesmo ser guiado por ele? Mesmo as pessoas identificadas como líderes naturais não podem liderar o Espírito. Todos são chamados para se submeter à liderança dele.

Creio sinceramente que a maioria das pessoas — mesmo que possa *dizer* que deseja ser orientada pelo Espírito — sente, na verdade, muito medo dessa realidade. Eu sei porque sinto. O que isso quer dizer? E se o Espírito Santo pedisse a você para desistir de alguma coisa da qual não está preparado para abrir mão? E se ele levar você a algum lugar aonde não deseja ir? E se ele disser a você que precisa mudar de emprego? Que precisa mudar de casa? Você está disposto a se render à vontade do Espírito, não importando aonde ele deseja levá-lo? Será que eu estou?

O fato é que Deus está chamando. O Espírito Santo está sinalizando. A verdadeira questão é a seguinte: você está pronto para segui-lo? Saberá ouvir a voz de Deus? Sei que, quanto a mim, preferiria ter mais de uma opção quando Deus me pedisse a fazer alguma coisa. Dessa maneira, se eu não gostasse de A ou B, haveria sempre as opções C e D. Às vezes, é claro, é justamente dessa maneira que o Espírito nos orienta. Pode haver duas opções igualmente boas que Deus nos oferece para que escolhamos uma delas.

No entanto, não é assim que o Espírito Santo costuma agir. Ele nos convoca para fazer alguma coisa em particular, e temos duas alternativas: obedecer ou não. O mais assustador é que, ao não me submeter e confiar totalmente no Espírito Santo, estou deixando de me submeter e de confiar totalmente em Deus. E isso não é pouca coisa.

Todos nós temos de responder a esta pergunta: "Será que quero guiar o Espírito ou ser guiado por ele?".

Foi Deus quem levou você ao lugar onde está hoje? Muita gente em minha igreja e que encontro em minhas viagens fala o seguinte: "Acredito que Deus me chamou para a Califórnia". Ou para Nova York. Ou para São Paulo. Ou para qualquer outro lugar. Pode até ser mesmo o caso. Mas também é possível que seja apenas uma desculpa para morar em um lugar do qual você gosta. Tem um bom emprego. Sua vizinhança é segura, tem boas escolas. Sua família mora perto (ou longe, dependendo do tipo de relacionamento que você mantém com ela). Faz sentido você se sentir "chamado" para viver ali, certo?

Ou é possível mesmo que você *seja* chamado para morar onde mora. Mas, se você disser que tem esse chamado, precisa levar em consideração algumas perguntas. Por exemplo, qual a falta que faria se morasse em outro lugar? O que mudaria? Basicamente, que diferença sua presença faz onde você mora hoje? Ou então, como meu pastor de jovens me perguntou certa vez, como ficaria sua igreja (e a Igreja como corpo de Cristo) se todas as pessoas tivessem o mesmo grau de comprometimento que você tem? Se todo mundo doasse, servisse e orasse exatamente como você, será que a igreja seria mais saudável e cheia de poder? Ou seria uma congregação de cristãos fracos e apáticos?

Meu propósito ao colocar essas perguntas não é o de convencer você a "entrar no ministério". Não estou recrutando pastores ou missionários. Meu objetivo com essas questões é mostrar a você que deve levar 1Coríntios 12 a sério; que deve acreditar que *você* recebeu uma manifestação do Espírito; e que sua igreja, o corpo de Cristo, e o mundo perdem quando você não se envolve.

Escrevo isso porque amo a igreja e quero levar você a acreditar que é mais do que uma pessoa útil. Você precisa crer que é um membro vital do corpo de Cristo. Seja como agentes imobiliários, balconistas de loja, garçons, baristas, professores, nutricionistas, terapeutas, estudantes, pais, farmacêuticos, diretores de escolas, funcionários públicos ou qualquer outra função, todos nós somos membros importantes do corpo de Cristo. Pergunte a si mesmo: "Será que acredito que a igreja precisa de mim como um corpo precisa de uma boca?".

Como parte da obra do Espírito Santo por meio de nós para a promoção do "bem comum", ele nos capacita a sermos suas testemunhas. Se você é um professor, já parou para pensar em como influencia os alunos das turmas às quais leciona? Se for um treinador esportivo, que tipo de inspiração passa à sua equipe? E quanto aos outros treinadores que interagem com você? Se a sua área é a dos negócios, como se comporta diante de seus clientes ou colegas de trabalho? Eles veem em você uma pessoa que vive de acordo com o Caminho de Jesus ou como alguém que faz negócios segundo os padrões capitalistas e egoístas, como qualquer outro? Se você é dona de casa, de que maneira está formando o caráter de seus filhos para fazer deles seguidores de Jesus? Como faz para alcançar os vizinhos que Deus lhe concedeu e ministrar a eles?

Sim, é verdade que Deus pode ter chamado você para viver exatamente onde vive hoje, mas é absolutamente vital entender que ele não o chamou para simplesmente se estabelecer naquele lugar e viver sua vida de maneira confortável e superficial, sem se importar com quem está à sua volta. Os propósitos divinos não são casuais ou arbitrários. Se você continua vivo neste planeta, é porque Deus deseja que faça alguma coisa. Ele nos colocou na terra para cumprir propósitos definidos bem antes de nascermos (cf. Ef 2:8-10). Você acredita que exista não para seu próprio prazer, mas para ajudar as pessoas a conhecer o amor de Jesus e encontrar a vida plena nele? Se a resposta for "sim", então essa realidade moldará sua vida no lugar onde mora.

### Quando o Espírito orienta

Quando nos submetemos à direção e à orientação do Espírito Santo, ele nos ajuda a ser mais santos — mais parecidos com Jesus. Trata-se de uma jornada que dura a vida inteira, durante a qual entregamos nossa carne à morte ou, como Paulo coloca em Gálatas 5, caminhamos pelo Espírito sem obedecer aos desejos da carne. Não podemos viver submissos ao Espírito e, ao mesmo tempo, satisfazer à carne porque os dois "estão em conflito um com o outro" (Gl 5:17).

As obras da carne são coisas como contendas, acessos de raiva, discórdias e idolatria. As obras do Espírito são coisas como amor, domínio próprio, alegria e fidelidade. Obviamente, são coisas bem diferentes umas das outras. Ao fazer essa distinção, Paulo vai além e diz que "os que pertencem a Cristo Jesus crucificaram a carne, com as suas paixões e os seus desejos" (Gl 5:24).

A expressão "crucificar a carne" não é exatamente agradável ou atraente. Acho que ela é utilizada porque Deus quer que tenhamos certeza daquilo em que nos estamos envolvendo. Ele deseja nos mostrar que seu dom do Espírito Santo não é, na verdade, para nosso prazer ou para o cumprimento de propósitos pessoais. O Espírito age para que sejamos conduzidos à santidade.

Ele está aqui conosco para realizar os propósitos de Deus, e não os nossos.

Quando você decide entregar à morte — ou crucificar — sua carne, está, por definição, optando pelo caminho do Espírito. Está deixando uma trilha para tomar outra. Nessa nova trilha, que seguimos com o Espírito Santo, sem dúvida encontraremos voltas e curvas. Como bifurcações na estrada, às vezes você optará por seguir os desejos de sua carne, embora tenha deixado essa trilha para trás há muito tempo.

O caminho do Espírito não é fácil de ser trilhado. Com frequência, andar com o Espírito Santo significa subir uma ladeira íngreme, enfrentando todo tipo de distrações e dificuldades. No entanto, ainda que essa estrada seja sinuosa e difícil, você está em movimento constante rumo a um destino, e essa direção é determinada pela liderança do Espírito. Em algum ponto ao longo do caminho, você concordou com Deus que não tem direito ou condições de obedecer aos desejos e às paixões de sua carne (como a ira, a autoindulgência, a imoralidade e assim por diante), e removeu o papel central que essas coisas antes desempenhavam em sua vida.

Talvez você ainda não tenha tomado essa decisão. Entenda que se trata de uma decisão que todos devem tomar. Isso não pode ser feito de maneira negligente — não quando há algo tão profundo quanto a crucificação da carne em jogo. Cada um de nós precisa decidir se quer crucificar a carne e andar verdadeiramente no Espírito. Trata-se de uma escolha. E é crucial.

Além de nos tornar como Cristo em termos de santidade, a orientação do Espírito Santo nos torna como Cristo em termos de amor. Depois de tratar das manifestações ou dos dons que o Espírito concede, Paulo escreve: "Passo agora a mostrar-lhes um caminho ainda mais excelente" (1Co 12:31). É como se ele estivesse dizendo: "Com certeza, esses dons do Espírito são importantes, mas permitam-me falar a vocês sobre algo mais importante ainda. Vou contar sobre uma coisa que mudará o mundo". E no capítulo 13 dessa carta, versículos 1 a 3, ele escreve o famoso "capítulo do amor". Nele, Paulo nos lembra de que, sem amor, nada mais importa.

> Ainda que eu fale as línguas dos homens e dos anjos, se não tiver amor, serei como o sino que ressoa ou como o prato que retine. Ainda que eu tenha o dom de profecia e saiba todos os mistérios e todo o conhecimento, e tenha uma fé capaz de mover montanhas, se não tiver amor, nada serei. Ainda que eu dê aos pobres tudo o que possuo e entregue o meu corpo para ser queimado, se não tiver amor, nada disso me valerá.

Essa passagem é poderosa porque Paulo redireciona o foco dos dons sobrenaturais para o amor. Ele diz especificamente que, sem amor, falar "as línguas dos homens e dos anjos", ter "o dom da profecia" e deter "todos os mistérios e todo o conhecimento" nada significam.

O Espírito Santo é aquele que enche os cristãos com o amor divino e aquele que nos capacita a amar uns aos outros. Paulo descreve essa realidade com grande beleza em Efésios 3:16-19:

> Oro para que, com as suas gloriosas riquezas, ele os fortaleça no íntimo do seu ser com poder, por meio do seu Espírito, para que Cristo habite no coração de vocês mediante a fé; e oro para que, estando arraigados e alicerçados em amor, vocês possam, juntamente com todos os santos, compreender a largura,

> o comprimento, a altura e a profundidade, e conhecer o amor de Cristo que excede todo conhecimento, para que vocês sejam cheios de toda a plenitude de Deus.

Que possamos conhecer esse amor que ultrapassa o conhecimento — o mistério desse grande amor — pelo poder fortalecedor do Espírito.

Não nos deixemos distrair daquilo que é mais importante. Jesus disse a seus discípulos: "Eu lhes dei autoridade para pisarem sobre cobras e escorpiões, e sobre todo o poder do inimigo; nada lhes fará dano. Contudo, alegrem-se, não porque os espíritos se submetem a vocês, mas porque seus nomes estão escritos nos céus" (Lc 10:19-20). Nossa verdadeira alegria é resultado da graça que nos foi concedida.

Como nosso Salvador, que entregou sua vida e derramou seu sangue para que tivéssemos motivos de júbilo, fomos criados para derramar nossa vida e tudo o que temos até o fim. Estamos mais vivos quando estamos amando e entregando nossa vida porque foi para isso que fomos criados. É quando vivemos assim que o Espírito de Deus se move e age em nós e por nosso intermédio de várias formas que, por nossos esforços, não seríamos capazes. Esse é nosso propósito na vida. Essa é a nossa esperança.

> E a esperança não nos decepciona, porque Deus derramou seu amor em nossos corações, por meio do Espírito Santo que ele nos concedeu.
>
> Romanos 5:5

## Esther Ahn Kim

A biografia de Esther Ahn Kim está entre os testemunhos mais poderosos que já li. Foi durante a Segunda Guerra Mundial, com a ocupação da Coreia pelos japoneses, que a jornada de Esther começou de fato. Ela se recusou a reverenciar os santuários instalados em todas as esquinas de seu país. Acabou sendo aprisionada por seis anos, de 1939 até 1945.

Sabendo que estava destinada à prisão por se recusar a curvar-se aos ídolos, Esther passou a dedicar tempo ao próprio treinamento físico e espiritual. A cada dia, ela procurava e comia alimentos em estado de decomposição, sabendo que era isso que lhe serviriam na cadeia. A disciplina que demonstrou nos inspira à humildade; quantos de nós *optaríamos* por comer alimentos estragados?

Enquanto se preparava para a prisão, ela decorou mais de uma centena de capítulos da Bíblia e muitos hinos porque sabia que não teria permissão de ler a Palavra de Deus. Ela passou muitas horas buscando a Deus em jejum e oração. Esse período em que ela leu as Escrituras levaram a um esclarecimento ainda maior sobre as coisas divinas, e ela conseguiu submeter a Deus seu medo da tortura iminente.

A leitura de sua história me fez querer mais. Mais intimidade com Cristo. Mais amor pelas pessoas. Mais de Deus em minha vida. E, para ser sincero, mais disciplina. Ela era uma cristã disciplinada, mas não tinha nada de farisaico em seu jeito de ser. Sua obediência a Cristo somente aumentava sua capacidade de ouvir a voz do Espírito e, consequentemente, enchia-a de um amor imenso pelas pessoas com as quais tinha contato.

Quando levada à prisão, Esther foi usada por Deus de várias formas. Certa noite, uma mulher chinesa condenada por matar o marido foi presa. Ela reclamou sem parar e bateu nas portas até que os guardas amarraram suas mãos para trás. Foi aquela mulher que Deus convocou Esther para amar e alcançar para Cristo. Esther segurou os pés da mulher durante a noite para aquecê-los, embora estivessem cobertos de excrementos. As rações de alimento eram reduzidas, mas Esther abriu mão de sua porção por três dias para ajudar aquela mulher.

Com o tempo, a mulher chinesa começou a responder, conversando e até aceitando as boas-novas do evangelho. Mais tarde, foi executada por seu crime, mas rumou para a morte com a vida eterna em Cristo.

Aquela foi uma das muitas pessoas que Deus usou Esther para alcançar. Assassinos e vigaristas, antes desprezados, foram transformados diante de todos que assistiam à ação do amor de Cristo por intermédio de Esther. Eles tiveram o coração restaurado e conheceram o sentido da esperança. Até mesmo os carcereiros e oficiais do governo notaram como Esther brilhava naquele lugar tão tenebroso. Ela poderia apenas ter suportado seu sofrimento como uma boa cristã, e seria aplaudida por isso. No entanto, não se contentou com isso. Ela estava pronta, a cada dia e a cada momento, sempre perguntando a Deus: "Quem o Senhor deseja que eu ame em teu nome hoje?".[3]

# CAPÍTULO 5

## *Um relacionamento verdadeiro*

> Quando não sabemos o que fazer para obter uma resposta, o Espírito Santo pode nos dar essa resposta. Mas como pode ele nos dar uma resposta se nos abastecemos de todo tipo de respostas que nós mesmos criamos?
>
> Karl Barth

Não há nada pior do que a insegurança. Tantas pessoas vivem com medo porque não têm certeza do que virá nem do que Deus pensa a respeito delas — isso quando acreditam em Deus. Em contrapartida, não há nada melhor do que ter a convicção de que o Ser mais poderoso do Universo ama você como se fosse seu próprio filho. Essa é exatamente a confiança que o Espírito Santo nos dá.

Servir a Deus e viver de maneira fiel pode se tornar um fardo constante de culpa, do tipo "você tem de se esforçar mais" ou "é bom fazer melhor da próxima vez". É possível que você se identifique com essa atitude. Passei parte considerável de minha vida cristã batalhando contra a insegurança, nunca me sentindo muito seguro a respeito de minha salvação, vivendo com medo e uma determinação desesperada de conquistar aceitação.

Fui criado em um lar onde o desempenho era tudo. Podia até haver amor incondicional, mas eu nunca vi. Os erros eram seguidos de consequências severas. Meu pai era minha autoridade; era tudo o que eu conseguia ver nele. Não sou daqueles que culpam as circunstâncias pela falta de fé, mas nossa criação, com certeza, gerou grandes desafios para nós. Algumas pessoas carregam consigo feridas tão profundas que se perguntam se um dia serão capazes de confiar em alguém. Talvez, em seu subconsciente, você tenha tomado as falhas resultantes das relações humanas pecaminosas e imposto a um Deus perfeito. Agora a incerteza permeia até mesmo o seu relacionamento com o Pai celestial.

É o Espírito Santo que nos tira dessa trilha e nos enche de confiança para que possamos ter intimidade com nosso Criador. Embora eu não creia que Deus nos conceda seu Espírito apenas para nosso benefício pessoal, é inegável que um dos mais importantes aspectos de manter um relacionamento com o Espírito Santo é a intimidade, a segurança e o encorajamento que ele nos proporciona. Só então podemos servir a Deus como um filho amado, e não como um escravo explorado e dominado pela culpa.

Um estudo sobre o livro de Gálatas me ajudou a descobrir e destruir as fortalezas da sede de conquistas e da insegurança. E foi enquanto pregava com base nessa epístola que aprendi a desfrutar do fato de ser "conhecido" por Deus. "Mas agora, conhecendo a Deus, ou melhor, sendo por ele conhecidos, como é que estão voltando àqueles mesmos princípios elementares, fracos e sem poder? Querem ser escravizados por eles outra vez?" (Gl 4:9).

Você já parou para pensar sobre o que significa ser "conhecido"? Embora eu tenha passado muitos anos dizendo às pessoas que “conheço” Deus, só recentemente analisei o conceito de “ser conhecido” por ele. É de tirar o fôlego imaginar o Deus todo-poderoso dizendo: “Eu conheço Francis Chan. Ele é meu filho. Eu o amo!”. Você tem certeza de que Deus diria isso a seu respeito se alguém perguntasse? Você conhece Deus ou só ouviu falar dele? Você e o Criador são amigos íntimos ou simples conhecidos?

Em Gálatas 4, Paulo explica a diferença entre um escravo e uma criança. Seu desejo era o de assegurar que os gálatas desfrutassem os privilégios legítimos que Cristo conquistara por eles na cruz. Muitos de nós poderíamos dizer que somos filhos de Deus, mas essas palavras soam vazias para você? Você pode dizer, com confiança — e do fundo do coração — que conhece Deus e é conhecido por ele?

Paulo diz aos Gálatas que o Espírito Santo é aquele que coloca em nosso coração a certeza de que somos seus filhos: “E, porque vocês são filhos, Deus enviou o Espírito de seu Filho ao coração de vocês, e ele clama: ‘Aba, Pai’. Assim, você já não é mais escravo, mas filho; e, por ser filho, Deus também o tornou herdeiro” (4:6-7).

Esses versículos revelam uma verdade impressionante e linda! Não tenho como explicá-la completamente, mas já a experimentei muitas vezes em momentos de intimidade com Deus. É um dos dons preciosos que o Espírito Santo nos concede. Ele nos assegura de que somos amados por Deus e que ele nos tem em alta conta. Ele nos garante, como cristãos, o dom da nova vida em Cristo. Ele nos mostra que não temos nada a temer porque somos seus filhos e ele é poderoso. Ele nos diz que somos aceitos de maneira completa e incondicional. E nos lembra da vitória que está por vir, quando o reino de Deus estiver plenamente estabelecido.

Paulo enfatizou essas verdades fundamentais em sua carta aos Romanos:

> Pois vocês não receberam um espírito que os escravize para novamente temerem, mas receberam o Espírito que os torna filhos por adoção, por meio do qual clamamos: "Aba, Pai". O próprio Espírito testemunha ao nosso espírito que somos filhos de Deus. Se somos filhos, então somos herdeiros; herdeiros de Deus e co-herdeiros com Cristo, se de fato participamos dos seus sofrimentos, para que também participemos da sua glória.
>
> Romanos 8:15-17

Não sei onde você está no momento em que lê este livro. Talvez esteja muito bem, e essa leitura sirva apenas para reafirmar sua situação. Se for isso o que acontece, então digo: "Amém!". Talvez você esteja lendo isso e pensando: "Bem, o fato é que não tenho esse tipo de intimidade com Deus... O Espírito em mim nunca clama: 'Aba, Pai'". Se for esse o seu caso, não ofereço um guia do tipo "quatro passos" para se conectar com o Espírito Santo. No entanto, gostaria de falar sobre dois obstáculos potenciais a respeito dos quais você deve pensar: conforto e volume.

**Conforto (talvez sua vida seja segura demais)**

Por experiência própria, eu me sentia mais perto de Deus quando essa proximidade era uma necessidade. A Bíblia diz que o Espírito surge em situações nas quais normalmente sentiríamos medo (cf. Lc 12:11-12). Experimentamos a orientação do Espírito Santo em situações de desespero, como quando vamos a julgamento por anunciar o evangelho (em alguns países, isso acontece), quando somos questionados por que cremos em um Deus que permite ______________________ (complete com a narrativa da tragédia mundial mais recente) ou quando recebemos uma ligação totalmente inesperada avisando que algum membro da família morreu.

Jesus se refere ao Espírito Santo como o "Ajudador" ou "Consolador" (ou "Confortador"). Permita-me fazer uma pergunta simples a você: por que precisaríamos de um Confortador se nossa vida já fosse confortável? São aqueles que arriscam a vida e sofrem pelo evangelho (cf. Fp 1:29) que experimentarão com maior frequência a presença divina "sempre com vocês, até o fim dos tempos" (Mt 28:20). Embora esse versículo valha para todos os que creem (é claro que Deus está sempre conosco), até que ponto nos importamos ou precisamos saber que o Criador está conosco se nunca estamos sozinhos nem sentimos necessidade dele?

Certa vez, jantei com um homem impressionante em Seul, na Coreia. Ele era um dos 23 missionários feitos reféns pelos talibãs no Afeganistão em julho de 2007. Para quem não consegue se lembrar da história, os talibãs executaram dois daqueles missionários antes de fazer um acordo com o governo da Coreia do Sul e os reféns fossem libertados.

Aquele homem me contou os horrores de ser trancado em uma cela, sabendo que o martírio era uma possibilidade real. Ele também falou sobre o último dia em que eles ficaram todos presos juntos (seus captores os dividiram mais tarde em grupos de três e os levaram a áreas remotas). Cada um dos 23 missionários rendeu sua vida a Deus naquela noite e disse ao Pai que estava disposto a morrer para a glória do Senhor. Houve até uma discussão sobre quem morreria primeiro. Um deles tinha uma pequena Bíblia que os missionários dividiram secretamente em 23 partes para que cada um pudesse ler alguma parte das Escrituras quando ninguém estivesse olhando. A Palavra de Deus e o Espírito Santo os firmaram ao longo dos quarenta dias de cativeiro.

Uma das coisas mais fascinantes que aquele homem me contou foi o que aconteceu desde então. Quando voltaram a Seul por algum tempo, vários membros da equipe perguntaram-lhe: "Você não gostaria de ainda estar lá?". Ele me disse que muitos deles sentiram uma intimidade muito profunda com Deus no período passado na prisão e agora, de volta ao conforto, já não conseguiram experimentar.

Esse é o dom precioso da intimidade que o Espírito Santo nos oferece. Trata-se de uma segurança que não tem preço, e vale qualquer sacrifício de nosso conforto, mesmo aprisionado por radicais talibãs.

**Volume (talvez você precise de menos barulho em sua vida)**

Executar várias tarefas ao mesmo tempo se tornou uma norma. Quando foi a última vez que você conseguiu conversar com alguém sem ser interrompido? Nenhum telefone, nenhuma mensagem eletrônica, nenhuma lista de afazeres rondando sua mente. Hoje é tão raro conseguir olhar para alguém sem interrupções ou distrações. Certa vez, eu me vi falando ao telefone, enviando uma mensagem eletrônica pelo *laptop* e jogando Wii com minha filha, tudo ao mesmo tempo. Em meu esforço por realizar mais coisas, perdi a arte de me concentrar em uma coisa ou em uma pessoa. Isso, por sua vez, afetou minha vida de oração, assim como tenho certeza de que afeta sua vida também. Tenho dificuldade de simplesmente estar com Deus, de me concentrar apenas nele e de passar um tempo específico com ele.

Ainda que Jesus não tivesse de lidar com mensagens eletrônicas, correios de voz ou textos, ele certamente compreendia o que significava ter multidões de pessoas requisitando-o ao mesmo tempo. Em qualquer momento do dia, as pessoas estavam querendo falar com Jesus. Por causa da prioridade de seu relacionamento com o Pai, ele dava sempre um jeito de escapar para se concentrar em Deus e permanecer em quietude (cf. Mc 1:35). Ele sentia necessidade de sair do alcance das pessoas para orar e entrar em comunhão com Deus Pai. Nossa falta de intimidade com o Senhor é, em geral, resultado de nossa recusa em nos desligarmos de tudo e rompermos os canais de comunicação com as outras pessoas para podermos passar momentos a sós com Deus.

Na loucura deste mundo em que vivemos, é preciso fazer um enorme esforço para encontrar um lugar de quietude. Leva tempo para aquietarmos nossa mente e nosso coração diante do Senhor. Isso significa desligar o som, a televisão e o telefone celular. Pode até se tornar necessário sair de casa para seu lugar favorito. Para algumas pessoas, isso quer dizer relaxar em algum lugar onde se possa encontrar alguma privacidade. Para outras, significa viajar para a cidade do interior mais próxima ou passar alguns dias em um *spa* ou centro de lazer e repouso.

Não sei exatamente o que esse conceito de se manter em quietude diante de Deus quer dizer para você, mas sei que, independentemente de sua personalidade, trata-se de uma disciplina espiritual. É preciso parar, ouvir e cortar as distrações e os ruídos de nosso mundo. E quando colocamos em prática essa quietude, esse sossego, essa sensação de aguardar por alguma coisa, é que podemos experimentar uma intimidade e um relacionamento profundo com o Espírito Santo.

Para algumas das pessoas, a leitura deste livro poderia ser um tipo de ruído que impede a comunhão com Deus. Talvez você já ouça muitos sermões e leia muitos livros. O que precisa é de comunhão direta com o Senhor — ouvi-lo diretamente e falar diretamente com ele. Em vez de ler minhas palavras, ouça as que o Pai tem a dizer.

Neste momento, quero que você dê um tempo e abra sua Bíblia no livro de João. Leia os capítulos 14 a 16 e dê a si mesmo a oportunidade de assimilar as palavras que ler. Perceba, em especial, que Cristo deseja que seus discípulos tenham paz e os conforta com a realidade de que nunca estão sozinhos. Parte da resposta que ele dá ao nosso anseio por paz e conforto é dada por meio da provisão do Espírito Santo, o outro Consolador, aquele que Jesus prometeu que viria quando o Filho deixasse a terra.

Faz sentido Jesus dizer que receber esse "outro consolador" é para nosso benefício. Afinal de contas, ele apenas caminhou ao lado dos discípulos; o Espírito Santo, na verdade, passa a habitar o corpo humano (cf. Jo 14:17). Você provavelmente ouviu essa verdade centenas de vezes, mas será que já parou para se encantar por causa dela? Estaria disposto a separar meio minuto agora apenas para se deleitar com o fato de Deus estar *dentro* de você?

Não sabe o que dizer? Não se trata de uma ligação distante, fria. É o Espírito de Deus escolhendo você e eu para ser seu lugar de habitação. Isso quer dizer que, conforme escrevo, o Espírito do Deus vivo está dentro de mim. Posso acordar em determinado dia me sentindo fisicamente cansado, estressado ou impaciente, e, falando em termos humanos, é provável que isso resuma bem um dia de minha vida. Mas a realidade é que sou habitado pelo Espírito Santo. E, por causa dessa realidade, o estresse, o cansaço e a impaciência não precisam determinar como será o meu dia.

Se, pela fé, você recebeu a promessa do Espírito Santo, também é um templo no qual ele habita. Quando leva seus filhos de carro para a escola. Quando vai para o trabalho todos os dias. Quando entra em um período novo e desconhecido. Quando vai para a escola. Quando enfrenta a tragédia e o sofrimento. Quando faz compras no mercado. Quando se entrega aos relacionamentos. Quando leva o cachorro para passear. Quando toma decisões. Enquanto vive sua vida, o Espírito Santo habita em você.

Por favor, não permita que essa realidade escape como se fosse um passatempo interessante que pode atrair sua atenção por um minuto, mas ao qual você nunca dedica tempo para conhecer melhor. Você é um templo do Espírito Santo. Não é apenas uma pessoa vivendo sua vida graças ao poder humano. O Espírito de Deus está em você; é por isso que Jesus disse que seria melhor para ele deixar a terra e que o Espírito viesse. Não despreze isso. Vá mais fundo nessa realidade e permita que exerça um forte impacto em sua vida, primeiro por dentro, depois externamente.

Esses capítulos do evangelho de João onde lemos sobre a compaixão e o cuidado de Cristo em relação aos discípulos constituem um exemplo do relacionamento significativo e do amor profundo que motiva a interação de Deus conosco. Em Gálatas 3:13-14, lemos que "Cristo nos redimiu da maldição da Lei quando se tornou maldição em nosso lugar [...] para que recebêssemos a promessa do Espírito mediante a fé".

Uau! Tenho certeza de que li essa passagem muitas vezes; mas, enquanto não comecei a prestar atenção ao Espírito Santo, não sei se ela realmente mexeu comigo. Cristo nos redimiu da maldição sob a qual estávamos *para que* pudéssemos receber a promessa do Espírito Santo. O "Espírito prometido" não é uma promessa qualquer. Jesus sofreu uma morte cruel *para que* eu pudesse receber o impressionante dom do Espírito Santo. Como ouso negligenciar essa realidade?

Por causa de Jesus, recebi a promessa. E seu Espírito não é uma força distante. Ele faz morada em nossa vida, em nosso corpo, e, ao fazer isso, nos proporciona um grau mais intenso de segurança. Lemos repetidamente nas Escrituras que somos filhos de Deus, que somos orientados por seu Espírito Santo e que recebemos o Espírito de adoção.

Kristen é amiga de nossa família há dez anos. Nunca me esquecerei do dia em que estávamos com ela durante a cerimônia fúnebre de sua mãe. Ao olhar a tristeza de Kristen, não tive dúvida de que ela havia sido amada por aquela mulher que a adotara na Coreia. Era a mãe de Kristen, e não apenas uma senhora que tomara conta dela e pagara por sua comida. Já se passaram anos desde aquele funeral, e Kristen ainda encontra dificuldade para falar sobre a mãe sem se emocionar muito. Ela sente falta da mãe. Esse é o tipo de adoção de que Deus fala nas Escrituras. Não se trata de ter um guardião impessoal que toma conta de nós, e sim de um pai. O melhor pai que alguém já teve ou poderia ter.

Fomos escolhidos, enxertados, adotados na família de Deus. E, agora que fazemos parte dessa família, o Espírito nos leva a clamar: "Aba, Pai!". Lembre-se de que "Aba" é a forma mais íntima de se referir a um pai. É como dizer "paizinho": a conotação é de um nível profundo de familiaridade e intimidade. Conforme o Espírito de Deus fala ao nosso coração, podemos clamar por Deus chamando-o de nosso "Paizinho". Começaremos a sentir esse relacionamento íntimo com muito mais profundidade do que poderíamos imaginar, a tal ponto que passaremos a nos perguntar: "Será que todo mundo se sente tão amado assim por Deus?".

Não permita que seu histórico de vida o impeça de desfrutar essa intimidade pela qual tanto seu espírito quanto Deus anseiam. Já passei por situações que me impediram de clamar: "Aba!". Sempre quis que o meu testemunho fosse como o dos viciados em drogas ou criminosos que conheceram o Senhor e tiveram sua vida completamente transformada. Ao contrário deles, fui criado em um lar cristão e conheci Jesus pessoalmente enquanto cursava o ensino médio. Depois de muitos anos de caminhada com ele, comecei a dar meia-volta. Entrei em minha fase pecaminosa depois de conhecer melhor e receber o Espírito Santo. Deixei extinguir a convicção que o Espírito havia colocado em meu coração tantas vezes.

Posso me identificar totalmente com o filho pródigo depois de esbanjar sua fortuna (cf. Lc 15:11-32). Faço eco aos sentimentos que ele experimentou quando comeu com os porcos, pensando em como seria bom voltar para a casa do pai, mesmo como escravo. Às vezes, eu passava alguns dias ou mesmo semanas sem falar com Deus porque queria passar por um período de provação pessoal. Ao fazer isso, eu agia como um escravo e obedecia tanto quanto podia. Cheguei à conclusão de que poderia continuar servindo Deus, embora me sentisse pouco à vontade para falar de fato com ele.

Você já se sentiu assim também? Já quis se distanciar de Deus porque se sentia envergonhado demais por causa de seu pecado?

Isso acontecia com regularidade em minha vida. Eu queria provar que estava arrependido pelas coisas que fazia sendo fiel por determinado período. Queria fazer um monte de coisas boas antes de voltar a manter um relacionamento com Deus. Queria que Deus visse que eu era capaz de ser um bom servo. *Só então* me sentia bom o suficiente para voltar a falar com ele. Mas Deus não queria apenas um bom escravo, por mais esforçado que fosse. Ele queria que eu visse o Pai maravilhoso que ele é. Ele deseja intimidade.

É preciso ter fé para crer que Deus é mesmo como o pai do filho pródigo, que de longe "o viu e, cheio de compaixão, correu para seu filho, e o abraçou e beijou" (Lc 15:20). Para que não houvesse nenhuma dúvida, o pai deixou absolutamente claro que havia perdoado o filho. Não fez pergunta alguma. Ele convidou o filho a voltar para sua vida sem ressentimentos nem exigência de punição e culpa.

Da mesma maneira, o Espírito Santo nos fala verdades ao coração, como: "... agora já não há condenação para os que estão em Cristo Jesus..." (Rm 8:1); "... [nada] será capaz de nos separar do amor de Deus que está em Cristo Jesus, nosso Senhor" (Rm 8:39); e: "... ele é fiel e justo para perdoar os nossos pecados e nos purificar de toda injustiça" (1Jo 1:9). São versículos que talvez repitamos sem prestar atenção ao que dizem, mas dos quais precisamos com frequência para lembrarmos do poder e da verdade que contêm.

Deus disse ao povo de Israel: "'Vocês me procurarão e me acharão quando me procurarem de todo o coração. Eu me deixarei ser encontrado por vocês', declara o Senhor..." (Jr 29:13-14).

Quando foi a última vez que você buscou Deus de *todo* o coração? Não somos Israel, mas Deus ainda deseja ser buscado e encontrado por seu povo. Peça ao Espírito Santo que o capacite a deixar *todas as outras coisas* de lado neste momento para que você possa buscar o Senhor de todo o coração. Diga a Deus que você quer ter intimidade com ele, não importa o que for necessário, mesmo que isso signifique sofrimento. Quando esse relacionamento com ele chega ao ponto em que deve chegar, não há nada mais gratificante ou significativo.

## Thomas e Jen Yun

Você já teve a oportunidade de conhecer pessoas tão alegres e gentis a ponto de dar a impressão de serem falsas? Afinal de contas, ninguém poderia ser *tão* feliz, pelo menos não o tempo todo. Thomas e Jen seriam os primeiros a admitir suas imperfeições. Mas, cá entre nós, eu gostaria de conhecer mais esses defeitos para tentar não me sentir tão mal a respeito de mim mesmo.

Jen trabalha no escritório de nossa igreja, e é uma daquelas pessoas que me vêm à mente quando ouço a expressão "cheio do Espírito Santo". Ela não tem uma vasta lista de realizações para apresentar e impressionar você. Essa manifestação do Espírito na vida dela tem mais que ver com quem ela é do que com o que ela já fez. Acho que você sabe o que quero dizer: aquele tipo de gente que nos convence por sua maneira de viver e de interagir com as pessoas.

Conheci Thomas porque ele era o *chef* e um dos proprietários de uma churrascaria muito agradável e cara na cidade. Ele enviou um cartão de cortesia a mim e à minha esposa, e assim pudemos saborear uma refeição que a maioria dos pastores não pode pagar. Enquanto estávamos lá, Thomas me falou sobre o sucesso de seu restaurante. Havia ultrapassado com folga todas as expectativas. Em mais três anos, ele não só teria retorno de seu investimento inicial, como também receberia generosos dividendos. O único problema é que Deus o estava chamando para deixar o restaurante naquele momento, e não depois de três anos.

Thomas surpreendeu seus sócios ao desistir do dinheiro para poder seguir o ministério ao qual Deus o estava chamando. Ele deixou o belo restaurante e assumiu um cargo na missão local de recuperação de pessoas marginalizadas. Agora ele cozinha para os sem-teto, viciados em recuperação e outros que procuram reerguer a própria vida. Ele usa sua experiência nas artes culinárias para ensinar os desabrigados a cozinhar. Em seguida, ajuda-os a encontrar emprego como cozinheiros nos restaurantes da região.

Thomas e Jen formam um jovem casal de nossa igreja. São cheios do Espírito Santo e guiados por ele. Acreditam que Deus logo os chamará para outro país, mas, até esse dia chegar, eles buscam seguir a direção do Espírito a cada dia. E estão conseguindo.

# CAPÍTULO 6

## *Preocupe-se menos com a vontade de Deus para sua vida!*

> Uma vez exposto nosso coração à verdade, se recusamos ou rejeitamos a obediência aos impulsos que ela desperta, bloqueamos os movimentos da vida dentro de nós e, se persistimos, entristecemos e calamos o Espírito Santo.
>
> A.W. Tozer

Quantas vezes você já ouviu alguém dizer: "Eu só queria conhecer a vontade de Deus para a minha vida"? Sei que eu ansiava por isso antes, mas agora vejo essa atitude como uma forma equivocada de raciocínio e discurso.

Há bem poucas pessoas nas Escrituras que conheceram por antecipação o plano de Deus para sua vida (ou mesmo algo menor, como o plano divino para os cinco anos seguintes). Pense em Abraão, que foi orientado a pegar sua família, juntar todas as suas posses e começar a caminhar. Ele não sabia aonde estava indo. Não sabia se voltaria depois. Não conhecia nenhum dos detalhes que consideramos fundamentais (p. ex., seu destino, quanto tempo sua jornada levaria, quais seriam os custos e as recompensas ou mesmo se ele poderia contar com um plano de saúde). Deus o mandou ir, e ele foi; era tudo quanto ele sabia.

Acho que muitos de nós precisamos nos preocupar menos com essa história da "vontade de Deus para a minha vida". Deus se importa mais com nossa reação à orientação do Espírito Santo hoje, neste momento, do que com aquilo que pretendemos fazer no ano que vem. Na verdade, as decisões que faremos no ano que vem serão influenciadas, em grande medida, pelo nosso grau de submissão ao Espírito Santo neste momento, nas decisões de hoje.

É fácil usar a expressão "a vontade de Deus para a minha vida" como uma desculpa para a passividade ou mesmo para a desobediência. É muito mais simples pensar na vontade divina para o seu futuro do que perguntar a ele o que deseja que você faça nos próximos dez minutos. É mais seguro se comprometer a segui-lo *um dia* do que *hoje mesmo.*

Para ser sincero, acredito que parte do desejo de "conhecer a vontade de Deus para minha vida" nasce do medo e culmina em paralisia. Temos pavor de cometer erros, por isso nos afligimos, tentando imaginar a vontade divina. Tentamos saber como é viver segundo sua vontade. Esquecemos que nunca nos foi prometido um plano de ação para os próximos vinte anos; em vez disso, Deus promete, por diversas vezes nas Escrituras, nunca nos deixar ou abandonar.

Deus quer que ouçamos seu Espírito todos os dias, e mesmo ao longo do dia, à medida que surgem as dificuldades e os momentos de tensão, em meio às pressões do mundo. Minha esperança é que, em vez de buscar "a vontade de Deus para minha vida", cada pessoa aprenda a buscar "a orientação do Espírito Santo para minha vida hoje". Que possamos aprender a orar pedindo um coração aberto e disposto a servir. Que possamos nos render imediatamente à direção do Espírito ao lidar com aquele amigo, com o filho, com o cônjuge, com as circunstâncias ou com as decisões que temos de tomar na vida.

Dizer que não somos chamados para descobrir "a vontade de Deus para minha vida" não significa que o Senhor não tem propósitos e planos para cada pessoa nem que ele deixa de se importar com o que fazemos da nossa vida. Ele se importa. Tanto no Antigo quanto no Novo Testamentos, ele nos diz que isso é verdade. O segredo é que ele nunca prometeu revelar esses propósitos de uma vez, por antecipação. Sabemos o que é necessário para manter a sintonia com o Espírito Santo. Na carta de Paulo aos Gálatas, lemos: "Por isso digo: Vivam pelo Espírito, e de modo nenhum satisfarão os desejos da carne [...]. Se vivemos pelo Espírito, andemos também pelo Espírito" (5:16,25).

As expressões "manter a sintonia com o Espírito" e "caminhar em Espírito" provavelmente são familiares a você, mas será que afetam sua vida de uma maneira prática e significativa? Como já mencionei, acho que se concentrar no plano de Deus para o futuro geralmente serve como justificativa para não vivermos de maneira fiel e sacrificial agora mesmo. Isso tende a criar uma zona de segurança inferior, onde podemos sentar e bater papos "espirituais" sobre o que Deus "deve" ter planejado para nossa vida. Pensar, questionar e falar pode substituir a iniciativa de permitir que o Espírito Santo influencie nossas ações imediatas de maneira radical. Deus deseja que seus filhos fundamentem todas as coisas em seu poder e em sua presença.

Em nenhum ponto das Escrituras, vejo "uma vida equilibrada com um pouco de Deus adicionado" como um ideal a ser seguido. No entanto, quando olho para nossas igrejas, é exatamente isso que vejo: muita gente que apenas adicionou Jesus à vida. São pessoas que, em certo sentido, pediram-lhe que se unisse à jornada da vida *delas*, para *segui-las* aonde quer que *elas* forem, em vez de seguirem o Mestre, como fomos orientados pelo Pai. O Deus do Universo não é algo que possamos apenas adicionar à nossa vida e continuar vivendo como antes. O Espírito que ressuscitou Cristo dos mortos não é alguém a quem recorremos apenas quando precisamos de uma porção extra de poder para a nossa vida. Jesus Cristo não morreu para *nos* seguir. Ele morreu e ressuscitou para que pudéssemos esquecer de todas as demais coisas e o seguíssemos à cruz, à verdadeira Vida.

Quando as pessoas entregam a vida a Deus em troca de um salvo-conduto para se livrar do inferno, geralmente não há mudança de direção, um sinal claro de arrependimento. Se você só quer uma pequena porção de Jesus para "espiritualizar" sua vida ou um pouco mais de Deus para não correr o risco de ir para o inferno, então está perdendo a plenitude da vida para a qual fomos criados.

Não apenas isso: você não precisa do Espírito Santo se busca apenas viver uma vida quase moral e frequentar a igreja regularmente. É possível encontrar gente de todo tipo em muitas religiões se saindo muito bem sem ele. Você só precisa da orientação e da ajuda do Espírito Santo se quiser, de fato, seguir o Caminho de Jesus Cristo. Só precisa dele se desejar "obedecer a tudo" quanto ele ordenou e ensinar os outros a fazer o mesmo (Mt 28:18-20). Você só precisa do Espírito Santo se a sua fé e o seu arrependimento forem sinceros. E só precisa do Espírito Santo se compreende seu chamado para participar nos sofrimentos e na morte de Cristo, assim como em sua ressurreição (Rm 8:17; 2Co 4:16-18; Fp 3:10-11). Paulo mostrou isso quando escreveu o seguinte:

> Mas temos esse tesouro em vasos de barro, para mostrar que este poder que a tudo excede provém de Deus, e não de nós. De todos os lados somos pressionados, mas não desanimados; ficamos perplexos, mas não desesperados; somos perseguidos, mas não abandonados; abatidos, mas não destruídos. Trazemos sempre em nosso corpo o morrer de Jesus, para que a vida de Jesus também seja revelada em nosso corpo. Pois nós, que estamos vivos, somos sempre entregues à morte por amor a Jesus, para que a sua vida também se manifeste em nosso corpo mortal.
>
> 2Coríntios 4:7-11

Se você realmente crê, se abandonou o caminho que seguia e se decidiu por um novo modo de vida com Cristo, então precisa desesperadamente do Espírito Santo. Você sabe que não pode viver nesse Caminho sem o Espírito habitando em sua vida.

Acho que "arrependimento" é uma daquelas palavras que ouvimos muito, mas talvez não incorporemos em nossa vida com frequência. Quando uso a palavra "arrependimento", penso na época em que eu estava namorando uma pessoa, até que, um dia, uma garota chamada Lisa chegou em minha igreja como solista convidada e chamou a minha atenção. Depois de conhecê-la, eu sabia que era a pessoa com quem eu queria estar o tempo todo. Nem mesmo pensei na hipótese de perguntar a Lisa se ela *também* queria me namorar. Eu sabia que tinha de encerrar o outro relacionamento, se quisesse começar a namorar Lisa.

Em certo sentido, é assim que funciona o arrependimento quando conhecemos Jesus: mudamos totalmente de direção.

Algumas pessoas encontram Jesus e dizem: "Beleza! Jesus, o senhor quer participar da festa que é a minha vida, com esse pecado, esse vício, esse relacionamento destrutivo, para apenas coexistirmos juntos?". O arrependimento, por sua vez, significa dizer: "Querido Jesus, o senhor é a melhor coisa que já aconteceu em minha vida! Quero dar as costas a todo pecado e egoísmo que me domina. Quero abandoná-los para caminhar com o senhor. Só com o senhor, que é a minha vida agora. Ajude-me a deixar as coisas escravizantes e sem valor desta vida".

Consegue ver a diferença entre esses dois exemplos? Qual deles, em sua opinião, resume com maior precisão sua vida? Há alguma coisa que você precise acertar com seu Salvador, aquele que foi morto em seu lugar? Se há, não hesite em fechar este livro e dedicar o tempo necessário para resolver. Nada mais importa tanto quanto esse relacionamento.

Assim, se um pouco de espiritualidade adicionada à nossa vida não é o que Deus tem em mente, o que ele deseja para seus filhos? Como ele deseja que vivamos? O fato é que fomos chamados por Jesus para abrir mão de tudo. Seu chamado é para que o sigamos e tomemos nossa cruz (cf. Lc 9:23).

"Tomar a minha cruz" se tornou um eufemismo para "enfrentar os típicos fardos da vida com uma atitude quase positiva". No entanto, os fardos típicos da vida — agenda lotada, contas a pagar, doença, decisões difíceis, pagamento da faculdade, perda de emprego, casa não vendida e a morte do cachorro da família — são enfrentados por todos, mesmo aqueles que não seguem o Caminho de Jesus.

Quando Jesus nos convoca a carregar a nossa cruz, ele está fazendo muito mais do que nos chamando para suportar os problemas diários e circunstanciais da vida. O povo da época de Jesus era muito familiar com a cruz. Tendo testemunhado a crucificação, eles compreenderam o compromisso e o sacrifício que significa tomar a cruz.

Trata-se de um chamado para viver uma fé radical.

Jesus nos chama para, se necessário, sofrermos qualquer coisa e abandonarmos tudo pelo bem do evangelho. Esse chamado inclui as pessoas que nos *passaram a perna* nos negócios; aquelas que espalham fofocas a nosso respeito; as que nos matariam, se pudessem; todos os que discordam de nossas opiniões em termos políticos, práticos e fundamentais. Esse chamado é para considerar tudo como perda por causa de Cristo. É um chamado para rendição total. Ele nos chama para desistir de tudo quanto temos, para entregar todas as coisas, até mesmo a nossa vida, como sacrifício vivo. Seu chamado é para entendermos que seu poder se aperfeiçoa em nossa fraqueza, e que quando somos fracos é que também somos fortes (cf. 2Co 12:9-10).

Você se lembra daquela história na qual Jesus viu pessoas colocando ofertas no gazofilácio? No início, algumas dessas pessoas, que eram ricas, fizeram doações, e, ao que parece, suas contribuições financeiras foram vultosas. Em seguida, Jesus apontou para uma viúva (o texto chega a se referir a ela como "viúva pobre") que colocou duas pequenas moedas de cobre.

Repare nas palavras de Cristo em resposta ao que havia acabado de testemunhar: "Afirmo-lhes que esta viúva pobre colocou mais do que todos os outros. Todos esses deram do que lhes sobrava; mas ela, da sua pobreza, deu tudo o que possuía para viver" (Lc 21:3-4). Jesus elogiou aquela mulher, que o mundo (as pessoas poderosas e ricas) desprezava e talvez até ridicularizasse. Ele a elogia por sua fé revolucionária, por não reter nada. Ela entregou, literalmente, tudo quanto tinha, embora fosse uma "viúva pobre" que não dispunha de outros meios de renda ou sustento. E Jesus afirma que ela é um exemplo a ser seguido.

O que aconteceria se você pudesse ouvir a voz do Espírito Santo e ele o mandasse entregar *tudo* o que tem, literalmente? E se ele pedisse a você para vender *todas* as suas posses e desse o dinheiro aos pobres? Você seria capaz de obedecer? Antes de começar a me explicar por que ele nunca pediria isso a você, pare um momento e responda a essas perguntas com sinceridade. Pedir tudo não é algo tão estranho ao caráter de Deus.

Não sei quanto a você, mas eu fico maluco ao pensar nesse desafio. Digo que quero entregar tudo a Deus, que quero submeter-me inteiramente à direção do Espírito Santo. Contudo, não posso mentir: às vezes, o verdadeiro significado dessas palavras me fazem querer voltar atrás um pouco. Há coisas na terra das quais eu gosto *mesmo*, como surfar, jogar golfe, comer fora e me divertir com os amigos. Sei o que você está pensando: que essas coisas não são pecado. E está certo. Mas isso não quer dizer que o Espírito jamais me pedirá para abrir mão de algumas delas eventualmente, ou mesmo em definitivo, para que se cumpram seus propósitos e a glória do Pai seja manifestada.

Estou o tempo todo procurando me manter em sintonia com o Espírito Santo, mas é uma luta constante. Ser submisso e abrir mão de tudo é uma atitude radical e assustadora. No entanto, quando penso com mais profundidade a respeito disso, percebo que caminhar segundo a minha sabedoria, e não de acordo com a orientação do Espírito, é ainda mais assustador. Embora eu lute, sei que, em última análise, nada mais quero além de viver em rendição e entrega total ao Espírito em todos os momentos que me restarem na terra.

O Espírito pode me levar a fazer um sacrifício financeiro total, ou então me conduzir a uma atitude de humildade em relação às opiniões das pessoas que me cercam. O Espírito pode pedir que eu me mude para outra cidade, outro estado ou mesmo outro país. O Espírito pode me orientar a permanecer onde estou e utilizar meu tempo de maneiras bem diferentes do que faço agora. Ele poderia me levar a fazer coisa como o que está narrado em 2Samuel 6, em que Davi dançou (o texto diz "vestindo o colete sacerdotal de linho", o equivalente às roupas de baixo dos sacerdotes) diante do Senhor "com todas as suas forças" (v. 15). Outras pessoas ficaram envergonhadas daquela demonstração de adoração a Deus indigna de um rei, mas Davi disse que não se importava, e que ele se rebaixaria muito mais diante do Senhor. Ele só se importava em adorar seu Deus.

Quando leio essa história, parte de mim diz: "Sim, quero viver como Davi. Quero me esquecer do que as outras pessoas pensam e adorar meu Rei com todas as minhas forças". A outra parte diz: "Tudo bem, mas, pensando em termos práticos, o que foi aquilo?". Como posso andar em tal intimidade com o Espírito a ponto de minha reação mais autêntica à sua ação ser dançar sem preocupação, sem ligar se as pessoas à minha volta vão achar aquilo tudo inapropriado? E será que não devo mesmo me importar com o que os outros pensam a meu respeito?

Acredito que o ponto crucial dessa questão é entender que ser cheio do Espírito Santo não é um ato instantâneo. Quando lemos, em Gálatas, sobre o Espírito e a carne, vemos que andar no Espírito implica um relacionamento contínuo. Ser cheio do Espírito não se limita ao dia em que conhecemos Cristo. Em vez disso, ao longo das Escrituras lemos a respeito de um relacionamento que nos convoca a uma busca ativa pelo Espírito Santo.

Os cristãos não podem jamais perder o Espírito, mas precisam buscar ser cheios dele o tempo todo. A santificação é um processo no qual nos engajamos a vida inteira. O texto de 2Coríntios 3:18 afirma: "E todos nós, que com a face descoberta contemplamos a glória do Senhor, segundo a sua imagem estamos sendo transformados com glória cada vez maior, a qual vem do Senhor, que é o Espírito". (Cf. tb. 2Ts 2:13 e Rm 15:16.)

Imagine que eu compre uma esteira ergométrica para perder algum peso. Três meses depois, levo de volta à loja e reclamo ao balconista que não funcionou — não perdi nem um quilinho. Ele me pergunta:

— Qual foi o problema? O aparelho não funcionou direito?

E eu respondo:

— Não sei se funciona, nunca corri nele. Só sei que não perdi peso algum, por isso não quero mais saber dessa esteira!

Pode parecer um exemplo bobo, mas modifique os detalhes e, de repente, a coisa parecerá bastante familiar: "Tenho orado para que o Espírito Santo me liberte de minha lascívia, mas continuo viciado em pornografia". Ou: "Orei durante anos para ser capaz de perdoar meu pai, mas ainda tenho muita raiva e ressentimento, trinta anos depois". Ou ainda: "Oro há muitos anos para me livrar da glutonaria, mas apesar da oração, dos grupos de apoio espiritual e da dieta, continuo sendo uma pessoa que come de maneira compulsiva e nada saudável". Escolha o pecado que mais incomoda você e, de repente, a ilustração da esteira ergométrica passa a não ser tão boba assim. Na verdade, parece que essas orações por libertação daquele pecado insistente não "funcionam" muito bem, da mesma maneira que a esteira não me ajudou a perder peso.

Receber libertação e cura como resposta à oração não costuma ser algo feito para você, uma situação na qual não passa de um participante ativo. Às vezes, Deus opera dessa maneira; ele simplesmente cura ou liberta uma pessoa por completo. Com certeza, ele é capaz de fazer isso. No entanto, por experiência própria, ele geralmente nos pede para desempenhar um papel ativo na jornada rumo à plenitude. Ele não precisa de nossa ajuda, mas nos convida a participar. Com frequência, essa jornada em direção à liberdade leva tempo; às vezes, muito tempo mesmo. E exige perseverança. Exige participação nossa. Temos de subir na esteira ergométrica e correr — ficar apenas olhando para a máquina não ajuda muito. (Cf. tb. Rm 12:11 e 1Ts 5:19.)

Você já se viu preso em um ciclo de pecado por muito tempo? Já desistiu do Espírito Santo e se resignou ao pensamento de que ele não "opera" ou não tem poder para promover a libertação — não, pelo menos, em sua vida? Se essa descrição serve para você, então talvez ainda não tenha assimilado esta realidade: caminhar com o Espírito requer ação de sua parte.

O fato é que, se você estivesse em sintonia com o Espírito Santo, se o ouvisse e obedecesse, não pecaria (cf. Gl 5:16). A partir de determinado momento, é impossível viver no poder do Espírito Santo e do pecado ao mesmo tempo. O pecado faz oposição total a tudo o que é do Espírito. Eles são mutuamente excludentes e totalmente contrários um ao outro.

Isso não significa que, se você peca, não tem o Espírito Santo ou não é um seguidor de Cristo. Não significa que, quando peca, está deixando de ser submisso à autoridade e à presença do Espírito Santo em sua vida. Ele continua presente, mas o mais provável é que você esteja reprimindo ou ignorando seu conselho.

A maior esperança que temos nisso tudo é que, mesmo quando ignoramos o Espírito e pecamos, ele nos convence desse pecado. Embora pequemos de vez em quando, não somos governados nem escravizados pelo pecado como éramos antes. Erradicamos a hegemonia do pecado sobre a nossa vida. Quando estamos em sintonia com o Espírito, ele nos lembra dessa realidade libertadora.

Fica óbvio quando alguém não anda em Espírito (pelo menos, não de modo consistente). O que você vê e sente de uma pessoa assim geralmente é ira, egoísmo, contenda, amargura e inveja. No entanto, quando uma pessoa se submete ao Espírito Santo de forma habitual e ativa, ela gera o fruto do Espírito. O Espírito Santo jamais conduzirá você (nem pode fazê-lo) ao pecado. Se ele habita de fato em sua vida, então você só pecará quando não der ouvidos à orientação do Espírito Santo.

Você já conheceu alguma daquelas pessoas raras que a gente olha e diz: "Esse anda o tempo todo em Espírito!"? De alguma forma, elas emanam graça e paz em um grau acima do humanamente possível. Você não gostaria de viver assim também? Quero dizer, quem sente prazer em ser uma pessoa estressada, nervosa e egoísta? Não tem muita graça, nem para essa pessoa nem para qualquer outra que tenha de conviver com ela.

Lembro-me de muita gente quando penso sobre as pessoas que andam no Espírito todos os dias. Seria fácil começarmos a nos comparar com os outros nessa área. Já consigo até ouvir os pensamentos: "Bem, é claro que sou muito mais orientado pelo Espírito Santo do que aquele sujeito...".

Em vez de perder tempo imaginando se os outros estão ou não andando no Espírito (o que, com certeza, *não é* tarefa sua), eu o desafio a analisar sua própria vida. Examine o "fruto" que ela produz e faça disso um parâmetro para você e para seu relacionamento com o Espírito Santo.

Você ouve o Espírito Santo quando entra na fila do supermercado? Talvez ele lhe esteja pedindo que puxe uma conversa com aquela senhora à sua frente. Você permite que o Espírito Santo oriente o cálculo de seu orçamento? Talvez ele o mande aplicar seu dinheiro de maneira diferente do habitual. Você se submete ao Espírito Santo quando dedica tempo à família? Em geral, são os membros da família os mais difíceis de amar, e precisamos da ajuda do Espírito para fazer isso da melhor maneira.

Essas são algumas das muitas, muitas áreas de nossa vida que podemos submeter à direção do Espírito. Pare um pouco e pense sobre as áreas de sua vida em que você tem a tendência de fazer tudo ao seu modo, sem se importar com a vontade e o chamado do Espírito.

Viver pelo Espírito implica uma interação contínua, habitual e ativa com o Espírito Santo. Ainda que isso pareça exagerado, na verdade não é, pois essa vida e essas atividades só são possíveis sob o poder do Espírito. Não acontecem como resultado de seus esforços.

Isso, porém, levanta outra questão perturbadora: isso é obra de Deus ou minha? A responsabilidade é dele ou minha? Paulo trata desse assunto quando escreve aos Gálatas. Ele os desafia, perguntando quem os enfeitiçou (que tremenda acusação!). Ele questiona: "Será que vocês são tão insensatos que, tendo começado pelo Espírito, querem agora se aperfeiçoar pelo esforço próprio?" (Gl 3:3).

Acho que cada um de nós tem uma forte tendência a tentar disputar o controle com o Espírito e assumir as rédeas da vida. Temos a tendência de trocar a vida no evangelho da graça pela confiança em qualquer sistema que funcione bem. É por isso que Paulo levanta essa questão com as igrejas da Galácia. Ele sabe que é difícil depender verdadeiramente do sustento e da direção do Espírito, em vez de confiar apenas na própria sabedoria e no esforço pessoal.

Lembra-se da ilustração da esteira ergométrica? Talvez você se pergunte como a concepção de nossas ações se encaixa no evangelho da graça, que não pode ser conquistado por mérito ou esforço próprio. Suponhamos que eu asse um pão e você me pergunte: "Qual é o ingrediente mais importante, o fermento ou a farinha?". Eu vou olhar para meu pão ainda quentinho, recém-saído do forno, e responder que ambos são fundamentais e necessários para a receita; simplesmente não dá para fazer pão sem fermento e farinha.

Essa ilustração guarda certa semelhança com a nossa vida espiritual. Se nunca respondemos a Deus, se nunca agimos baseados naquilo que ele fez por nós, não é possível estabelecer um relacionamento de fato com o Senhor. Deus continua sendo real e atuante, mas em algum ponto temos de reagir e agir por causa do que ele fez por nós. Como o fermento e a farinha são necessários para fazer o pão, a ação de Deus e nossa reação-resposta são necessárias para que esse relacionamento funcione.

Em Filipenses 2:12-13, Paulo escreve:

> Assim, meus amados, como sempre vocês obedeceram, não apenas na minha presença, porém muito mais agora na minha ausência, ponham em ação a salvação de vocês com temor e tremor, pois é Deus quem efetua em vocês tanto o querer quanto o realizar, de acordo com a boa vontade dele.

Adoro a aparente contradição dessa passagem bíblica. Paulo diz, de modo bem incisivo: "... ponham em ação a salvação de vocês...", e depois completa: "... é Deus quem efetua [age] em vocês..." Essa via de mão dupla aqui presente não nos permite chegar a uma conclusão apenas. Sim, é Deus quem age em você. E, sim, você também tem de agir. Sim, o Espírito capacita você a agir. E, sim, você age.

Como muitas coisas na vida, não existe mesmo uma solução definitiva para todas as coisas ao mesmo tempo. E eu gosto disso. Deus é tão grande e misterioso que não podemos simplesmente rotular esse processo e tocar a vida. Exige envolvimento contínuo, luta constante e busca permanente por viver uma vida orientada pelo Espírito Santo desde já. Não daqui a dez anos. Nem amanhã. Agora mesmo, neste tempo e neste lugar onde Deus nos colocou agora, conforme colocamos em ação a nossa salvação e Deus age em nós. Devemos manter nossa sintonia com ele.

## Dave Phillips

Anos atrás, Dave Phillips e sua esposa, Lynn, tiveram uma conversa sobre os chamados que sentiam ter recebido de Deus. Quando discutiram a respeito daquilo que mais os apaixonava, concordaram que proporcionar alívio a crianças em sofrimento e alcançar as próximas gerações com o evangelho estava no topo da lista. A ideia de criar uma organização com essa finalidade chegou a ser aventada, mas a reação de Dave foi esta: "Mas isso me obrigaria a falar na frente das pessoas". Por natureza, Dave é um homem quieto, tímido, sempre nos bastidores.

No entanto, depois de muita oração, Dave deixou de lado seus medos. Ele e Lynn criaram o Fundo de Combate à Fome Infantil no espaço disponível na garagem de casa. Seis semanas depois do lançamento da iniciativa, em janeiro de 1992, ele recebeu uma ligação do diretor de um centro de tratamento do câncer em Honduras pedindo que, de algum modo, ele conseguisse determinado medicamento para sete crianças que morreriam se não fossem tratadas a tempo. Dave escreveu o nome do medicamento e disse ao diretor que não tinha a menor ideia de como obtê-lo. Em seguida, eles oraram por telefone e pediram que Deus providenciasse.

Quando Dave desligou, antes mesmo de largar o aparelho, o telefone tocou de novo. Era uma empresa farmacêutica de Nova Jersey perguntando a ele se tinha alguma destinação para 48 mil frascos *justamente daquele medicamento*! O laboratório não apenas lhe ofereceu 8 milhões de dólares em remédios, como também se comprometeu a enviar, por avião, a qualquer lugar do mundo! Mais tarde, Dave ficaria sabendo que a companhia farmacêutica era uma das duas que produziam aquele medicamento com exclusividade nos Estados Unidos.

Em um espaço de 48 horas, Dave já havia encaminhado o remédio ao centro de tratamento em Honduras e a mais vinte outras instituições. Foi quando ele creu, com convicção, que Deus estava em ação, legitimando seu chamado ao ministério.

A cada ano, Deus continua a prover tudo de modo sobrenatural. Eles já distribuíram mais de 950 milhões em alimento e outros recursos a mais de dez milhões de crianças em setenta países e 32 estados norte-americanos. O Fundo de Combate à Fome Infantil entregou quase setenta milhões de toneladas de comida e 110 milhões de brinquedos.

A peculiaridade dessa organização é que ela treina e capacita voluntários das igrejas locais para o trabalho de distribuição de alimentos por meio de entregas a domicílio nos Estados Unidos e outros países. Indo de família em família, eles encontram os mais pobres entre os pobres e compartilham não apenas a comida, mas também o amor e o evangelho. O *site* da revista *Forbes* classifica frequentemente o Fundo no topo da lista das instituições de assistência mais eficazes dos Estados Unidos.

Uma das coisas mais bonitas dessa história é que, se você conhecesse Dave, nunca o imaginaria como o diretor de uma grande organização. Ele é um homem quieto, de fala mansa, e não o tipo de pessoa que você consegue imaginar liderando um movimento. Seu poder não vem necessariamente de uma vocação natural, mas de uma vida dedicada à oração. Como amigo pessoal e íntimo de Dave, não me lembro de algum período que já tenha passado tempo com ele sem que, em algum momento, parássemos para orar.

Dave vive uma vida pela qual deveríamos ansiar e que, inacreditavelmente, é a mesma que nos é oferecida. Uma vida que as pessoas veem e sabem que nossas realizações não seriam possíveis se dependêssemos apenas de nosso poder pessoal. Uma vida que glorifica o Pai que está no céu.[4]

# CAPÍTULO 7

## *Uma igreja sobrenatural*

> O que a alma é em nosso corpo, o Espírito Santo é no corpo de Cristo, que é a igreja.
>
> Agostinho

Aposto que você concorda comigo que um grupo de líderes talentosos e carismáticos é capaz de reunir uma multidão. Encontre a equipe criativa certa, os músicos certos e os oradores certos e você conseguirá fazer qualquer igreja crescer. Não precisa ser uma igreja cristã. O fato é que, mesmo sem fazer uma opção consciente pela dependência do Espírito Santo, podemos realizar muita coisa. (Embora, sem o Espírito, nem mesmo conseguiríamos respirar — mas estou falando sobre uma dependência consciente e deliberada.) Estou querendo dizer que uma multidão cada vez maior e cheia de energia não é necessariamente uma evidência da obra do Espírito Santo.

Todos nós temos nossos talentos e nossas inclinações naturais, coisas para as quais "temos o dom" (é claro, a realidade é que esses dons também são, em última análise, concedidos por Deus). Tenho amigos que são artistas talentosos e adoro vê-los pintando ou desenhando. Aqueles que têm uma sensibilidade maior para a arte ficam espantados com os belos trabalhos que esses artistas produzem. Outros são bons no relacionamento com pessoas e podem trabalhar com facilidade em uma variedade de empregos que exigem tal habilidade. Há ainda outros que sabem como vender coisas, não importa de que produto se trate. E alguns possuem a habilidade necessária para *tocar* uma igreja decente.

Faz algum tempo, perguntei aos membros de minha igreja, durante um culto, se eles achavam que eu poderia vender seguros e ser bem-sucedido nessa profissão. Fiz isso porque sei que algumas de minhas habilidades naturais estão relacionadas com a interação social e com a comunicação. O fato é que todos nós nos identificamos naturalmente com determinados empregos. Por ter sido criado como sou, poderia ser um vendedor de seguros se recebesse pelo menos um pouquinho de treinamento. E também sou capaz de *tocar* uma igreja razoavelmente adequada por conta própria. Mas quem quer ou precisa disso?

Não quero que meu currículo esteja desvinculado do Espírito Santo. Quero que as pessoas olhem para minha vida e saibam que eu não poderia fazer isso por esforço próprio. Quero viver de tal maneira que a vinda do Espírito seja um imperativo para mim. Que, se ele não me acompanhar, eu esteja *ferrado*. (Talvez eu não devesse usar esta palavra aqui, mas é como eu me sinto de verdade a respeito dessa questão.)

Houve um tempo em que eu ficava entusiasmado quando uma multidão aparecia para ouvir minha pregação, mas esses dias já ficaram para trás. Agora desejo, do fundo da alma, que o Espírito de Deus faça coisas que eu *sei* que não provêm de mim e que não podem ser falsificadas ou justificadas pela razão humana. Não acredito que Deus queira que eu (ou qualquer um de seus filhos) viva de um modo que faça sentido para o mundo e que eu sei que posso "administrar". Creio que ele está me convocando — e a cada um de nós — a depender dele para viver de uma maneira que não pode ser *clonada* ou forjada. Ele deseja que caminhemos em sintonia com seu Espírito, e não que dependamos somente dos talentos e dos conhecimentos brutos que nos concedeu.

No entanto, em vez de viver dessa forma, criamos um leque de igrejas que não dependem do Espírito, toda uma cultura de cristãos que não são discípulos, um novo grupo de "seguidores" que não seguem. Se tudo o que Deus precisasse fosse de figuras sem rosto para encher as igrejas, então estaríamos nos saindo muito bem. A maioria das pessoas se sentiria bem confiante. Contudo, ter um bom orador, realizar um culto breve e envolvente, dispor de um bom local para reunião e qualquer outra coisa que possamos adicionar a essa receita não são suficientes para determinar a qualidade ou o sucesso de uma igreja.

Deus quer que sua noiva, a igreja formada por aqueles que clamam por seu nome, seja bem mais do que isso. Ele não está interessado em números. Ele se importa muito mais com a fidelidade, não com o tamanho de sua noiva. Ele se importa com o amor que as pessoas têm por ele. E mesmo que eu seja capaz de juntar as pessoas dentro de um templo ou de um auditório contando piadas ou usando efeitos visuais, resta o fato de que não posso convencê-las a se tornar loucas por Jesus. É possível que eu consiga convencer as pessoas da necessidade de orar, mas não posso induzir ninguém a se apaixonar por Jesus. Não posso fazer ninguém entender e aceitar o dom da graça. Somente o Espírito Santo pode fazer isso. Portanto, seja qual for o critério utilizado, o fato é que *preciso* do Espírito Santo. Desesperadamente.

Às vezes, saio de eventos cristãos me perguntando se, de alguma forma, nós nos parecemos mais com os profetas de Baal, citados em 1Reis 18, do que com Elias, o profeta de Deus. Se você esqueceu a história, talvez seja melhor dar uma paradinha aqui e ler esse capítulo, caso contrário o restante das coisas que escrevo nesta parte do livro farão pouco sentido. Os profetas de Baal promoveram uma reunião barulhenta e apaixonada que durou da manhã até a noite. Quando terminaram, ainda tiveram a oportunidade de passar um bom tempo na camaradagem (acho que podemos chamar assim). Só que "não houve resposta alguma; ninguém respondeu, ninguém deu atenção" (1Rs 18:29). Depois daquilo tudo, Elias orou. Deus ouviu sua oração, e o fogo caiu do céu.

Minha parte favorita dessa história é quando acaba tudo e os profetas de Baal dizem: "O Senhor é Deus! O Senhor é Deus!" (1Rs 18:39). Eles não disseram: "Elias é um grande orador"; nem falaram: "Elias, com certeza, sabe se comunicar com Deus!". Foi o Senhor que os impressionou. Eles ficaram espantados com o poder de *Deus.* Sabiam que aquela experiência não poderia ter sido manipulada por Elias. Eles viram o poder de Deus.

É isso que acontece nas reuniões de cristãos que você frequenta? Ou parecem mais com o que os profetas de Baal experimentaram antes da oração de Elias? Podemos nos divertir bastante cantando e dançando em frenesi. No fim, porém, não cairá fogo do céu. As pessoas saem falando mais sobre quem dirigiu a reunião do que sobre o poder de Deus.

Esse princípio se aplica também sobre como vivemos nossa vida. As pessoas precisam ver a transformação pela qual passamos e reagir dizendo: “O Senhor é Deus!”. Alguém já se impressionou com sua paz? Com alguma manifestação de amor de sua parte? Será que já invejaram seu domínio próprio? Você já orou para que Deus o enchesse do Espírito Santo de tal maneira que as pessoas só pudessem atribuir sua transformação a ele? Só quando somos cheios de paz e esperança verdadeiras é que as pessoas percebem que há algo diferente em nós. O Espírito Santo é aquele que nos concede tanto a paz (Rm 14:17) quanto a esperança (15:13).

Acho que todos concordamos que viver “segundo nossa carne pecaminosa” não é o que Deus tencionava para seus filhos. Mesmo assim, frequentemente optamos por encarar as questões e as circunstâncias da vida exatamente da mesma maneira que as pessoas em quem o Espírito do Senhor não habita. Quando nos preocupamos, nos esforçamos e nos afligimos, não estamos agindo de um modo diferente dos que não creem. Ainda que seja verdadeiro o fato de sermos humanos como qualquer pessoa, também é verdade que somos seres humanos nos quais o Espírito de Deus habita. Mesmo assim, conscientemente ou não, dizemos a Deus, em essência: “Sei que o senhor ressuscitou Cristo dos mortos, mas o fato é que meus problemas são grandes demais para seu poder, e eu mesmo preciso cuidar deles”.

Até mesmo em nossa vida cotidiana, podemos nos parecer mais com os profetas de Baal, envolvendo-nos nesse frenesi do mundo, tentando resolver nossos problemas e deixando de clamar pelo poder do Deus todo-poderoso. Como filhos de Deus, não somos chamados para confiar em nossos ídolos nem em nós mesmos. Fomos criados para ser como Elias, que não questionou se Deus se manifestaria naquele dia. Ele orou e pediu ajuda, e Deus mandou fogo do céu em resposta ao clamor do profeta.

Talvez você não precise de fogo vindo do céu, mas de paz. Talvez o que precisa é de sabedoria para saber qual a melhor decisão a tomar. Ou de coragem para fazer a coisa certa, embora possa perder seu emprego. Ou então é possível que precise de amor porque se sente solitário. Seja qual for a sua necessidade, a questão é que Deus está atento a você e às suas circunstâncias, e ele sabe do que você precisa de fato. Ele é capaz de atrair essas coisas, essas pessoas e essas circunstâncias à sua vida.

No entanto, Deus não é um Deus coercitivo. E, embora ele deseje que seus filhos conheçam a paz e o amor e tenham sabedoria, reparei que ele frequentemente espera que peçamos tudo isso. Ele quer fazer mais do que *dar uma mãozinha*; deseja nos transformar por completo. Deus quer pegar um coração tímido e inflamá-lo de força e coragem a tal ponto que as pessoas saibam que alguma coisa sobrenatural aconteceu — a vida muda de um modo tão miraculoso quanto o fogo que desceu do céu. O Senhor deseja infundir em nós sua sabedoria porque é "espírito de sabedoria e de revelação" (Ef 1:17; leia tb. Is 11:2). Mesmo quando o Espírito Santo opera em nós para nos transformar e tornar mais parecidos com Cristo, ele é paciente. Essa obra não estará completa até que seu reino venha em plenitude, embora isso não o impeça de agir agora mesmo.

Você deve estar mais familiarizado com a passagem do fruto do Espírito de Gálatas 5, que afirma: "Mas o fruto do Espírito é amor, alegria, paz, paciência, amabilidade, bondade, fidelidade, mansidão e domínio próprio. Contra essas coisas não há lei" (v. 22-23). Você pode até decorar essa lista. Contudo, examine esses traços agora mesmo e pergunte a si mesmo se possui cada um deles em um grau sobrenatural. Você demonstra mais gentileza e fidelidade do que os espíritas que conhece? Possui mais domínio próprio do que seus amigos muçulmanos? Mais paz do que os budistas? Mais alegria do que os ateus? Se DEUS realmente habita em sua vida, não seria o caso de você ser diferente de todas as outras pessoas?

O que mais me perturba é quando não nos sentimos incomodados com o fato de a presença divina *dentro* de nós não ter produzido uma diferença tão grande a ponto de as pessoas notarem. Muita gente que frequenta igreja se contenta com um pouquinho de paz, em vez de desfrutar da "paz de Deus, que excede todo o entendimento" (Fp 4:7). Só queremos o suficiente para sobreviver à semana (ou mesmo ao dia).

Com certeza, houve momentos em minha vida nos quais a simples necessidade de enfrentar o dia só era possível graças à ajuda e à presença sobrenaturais de Deus. Você deve entender de que tipo de desespero estou falando; muitos de nós já passamos por momentos como esse, quando temos mesmo de pedir paz e apoio a cada dez minutos. Estou falando de quando vivemos a vida dessa maneira, quando *empurramos com a barriga* cada dia de nossa existência, em nada diferente do restante do mundo. Quando demonstramos a paz que ultrapassa a compreensão do mundo, é aí que as pessoas percebem. *É nesse momento* que as pessoas dizem: "O seu Senhor é Deus!".

Veja bem, este capítulo não foi escrito para provocar um sentimento de culpa em você, mas sim para servir como desafio e para abrir espaço para uma análise honesta sobre sua vida. Você sabe o que significa ser cheio de alegria? Você sente paz genuína, não importam as circunstâncias da vida? Você costuma retribuir os gestos das outras pessoas com gentileza, por piores que sejam?

Já imaginou como seria ser tão cheio da paz e do amor de Deus a ponto de nunca ficar estressado ou ter de se preocupar? Você não gostaria de ficar conhecido por esse tipo de atitude? Não queremos todos viver com paz, domínio próprio e todo o restante?

Note que o substantivo ("fruto") desse versículo está no singular. O texto não diz que há muitos *frutos* do Espírito, mas um fruto que incorpora todos os diferentes elementos que vêm a seguir (amor, alegria, paz etc.). Isso, com certeza, não torna essa tarefa mais fácil.

Não sei quanto a você, mas eu não posso sair por aí inventando mais amor. Não sou capaz de fabricar paciência com um simples ranger de dentes e com a determinação de ser mais paciente. Nenhum de nós é forte ou bom o suficiente para isso, e a coisa não funciona desse jeito. Nenhum de nós pode "fazer o bem" por conta própria, e menos ainda conquistar por esforço pessoal os outros elementos que compõem o fruto do Espírito.

Contudo, apesar de nossa incapacidade de mudar dessa forma, de simplesmente nos tornarmos mais pacificadores ou alegres, empreendemos uma dose considerável de esforço tentando fazê-lo. Nós nos concentramos naquilo que Deus deseja que *façamos* e esquecemos do tipo de pessoa que ele deseja que *sejamos*.

Em vez de reunir toda a nossa força de vontade, vamos focar nossas energias e nosso tempo clamando pela ajuda daquele que tem o poder de nos transformar. Dediquemos um tempo para pedir a Deus que coloque o fruto de seu Espírito Santo dentro de nossa vida. E passemos mais tempo com aquele com quem desejamos ser cada vez mais parecidos.

Sei que não quero fazer apenas o que meus mentores fazem; também desejo passar tempo com eles. Descobri que, ao passar tempo com as pessoas a quem respeito, eu me torno mais parecido com elas do que conseguiria apenas tentando "fazer o que elas fazem". Grunhir e dizer com os dentes cerrados: "Eu *vou* ser mais paciente!" não funcionou até agora, e é pouco provável que isso mude. Mas o que provoca mudança efetiva é quando começamos a pedir a Deus que manifeste esse fruto em nossa vida pelo poder de seu Espírito, e quando passamos tempo em comunhão com Deus.

É bem possível que meu versículo favorito seja Tiago 5:17, que diz: "Elias era humano como nós. Ele orou fervorosamente...". Não deixe de orar desesperada e corajosamente para que o Espírito opere em sua vida só porque você não é o profeta Elias. Como esse versículo afirma, Elias era um ser humano com uma natureza igual à nossa. Ele era exatamente como eu e você. Sabe qual era o segredo dele? *Orava com fervor.*

Você já pensou assim: "Estou orando exatamente ao mesmo Deus a quem Elias orou"? Acredita mesmo que Moisés, Ester, Davi e Daniel não tinham *nenhuma* vantagem sobre você, em termos espirituais? Na verdade, algumas pessoas argumentariam que você tem a vantagem de poder contar tanto com o Cristo ressurreto quanto com o Espírito que habita sua vida.

Deixemos de encarar as mulheres e os homens piedosos da Bíblia como se a oração deles fosse inatingível! Ore com fervor, sabendo que Pedro, Paulo, Maria e Rute foram homens e mulheres humanos "como nós" (Tg 5:17). Sei que tenho a tendência de fugir de situações nas quais *preciso* de Deus, e acho que isso vale para quase todas as pessoas. É mais seguro evitar situações nas quais precisamos que Deus se manifeste do que confiar por completo nele, correndo o risco de receber o silêncio divino como resposta.

Se Elias não tivesse a coragem necessária para confrontar os profetas de Baal naquele dia, se ele não tivesse orado com fervor e coragem, então não teria experimentado o poder de Deus de um modo tão profundo. Em momentos de dúvida, porém, não consigo deixar de pensar: "E se Deus não tivesse enviado fogo naquele dia e Elias acabasse se igualando aos profetas de Baal? Como seria?".

Esse chamado, com certeza, não é para exigir que Deus prove sua existência em toda e qualquer circunstância que produzamos, mas trata-se de um lembrete profundo de que Deus se deleita na ideia de aparecer quando seu povo precisa desesperadamente dele, pois isso significa que ninguém mais pode usurpar sua glória.

Penetremos no Antigo Testamento mais uma vez e analisemos a história de Gideão em Juízes 7. Gideão começou com um exército de 32 mil homens fortes. Em vários estágios, Deus reduziu de propósito esse contingente até chegar a trezentos homens. Acho que Deus fez isso para que ninguém dissesse: "Vejam só o que eu fiz!". Em vez disso, todos souberam que foi o poder de Deus que venceu o inimigo. Apenas em Deus seria possível um grupo de trezentos homens derrotar o maior exército midianita.

Deus quer ser louvado pelo que faz em nossa vida. No entanto, se nunca fizermos orações audaciosas e corajosas, como podemos esperar que ele responda a elas? Se nunca seguimos Jesus até os lugares onde precisamos dele, como ele pode aparecer e manifestar sua presença?

Será que você pode, a exemplo de Elias e Gideão, dizer que, quando as pessoas olham para sua vida, reagem louvando nosso Pai?

Quando vivo em função de meu poder e de minha força, confiando somente nos meus talentos naturais para levar a cabo uma tarefa, então as pessoas naturalmente me elogiam pela maneira em que estou vivendo. Mas, quando vivo de um modo que exige de mim a dependência do Espírito Santo, elas reagem louvando meu Pai que está no céu.

Quando foi a última vez que você sentiu a mão de Deus? Pergunte a si mesmo. Pense nas oportunidades de sua vida em que recebeu o toque de Deus de uma maneira tão marcante que ninguém jamais poderia convencê-lo de que se tratava de uma mera coincidência. Pode nem ter sido nada do tipo "fogo caído do céu" ou "uma voz como a do trovão"; talvez apenas o sussurro da esperança quando você se sentia oprimido pela depressão.

Ou, então, quem sabe você experimentou a presença de Deus por meio da aceitação incondicional de outro ser humano. Ou mesmo teve um vislumbre de algum traço do caráter do Criador durante um pôr do sol que simplesmente fez você parar e adorar. Experimentamos Deus por vários meios, e ele se deleita em comunicar sua presença e manifestar seu poder a seus filhos amados.

O Espírito Santo está presente ao longo de todo o Novo Testamento, assim como no Antigo Testamento. Acredito nele porque creio no que está escrito na Bíblia. No entanto, mesmo que você não considere o que eu "sei" sobre o Espírito Santo com base na leitura das Escrituras ou minhas "respostas certas" sobre ele, ainda assim continuarei crendo.

Eu continuaria crendo no Espírito porque testemunhei a ação do Deus Espírito Santo em minha vida e por meio dela, e de maneiras que não tenho como negar ou ignorar. Com certeza, não defendo o completo desprezo às Escrituras para basear tudo apenas na experiência; contudo, ignorar por completo a experiência — incluindo sua experiência pessoal e a experiência do Corpo de Cristo de maneira geral, tanto agora quanto ao longo da História — é uma atitude antibíblica.

Se você não conheceu nem experimentou Deus dessas maneiras inegáveis, eu diria que não está vivendo na dependência total dele. Deus se deleita em manifestar sua providência quando seus filhos clamam por seu nome e quando eles confiam totalmente nele para agir, seja nos relacionamentos, seja na batalha contra o pecado, seja na provisão de forças para fazer sacrifícios, seja na persistência diária em termos de fidelidade. Você está vivendo dessa maneira? Ou apenas sobrevivendo pelas próprias forças, por esforço pessoal?

**Somos uma família**

Certa vez, um ex-membro de gangue chegou em minha igreja. Ele usava muitas tatuagens e era muito rude, mas tinha curiosidade de saber como era uma igreja. Estabeleceu um relacionamento com Jesus e parecia disposto a se envolver bastante com a igreja.

Passados alguns meses, descobri que o sujeito não estava mais indo à igreja. Quando perguntado por que não ia mais à igreja, ele deu a seguinte explicação: "Tive a ideia errada do que deveria ser uma igreja. Quando me uni a ela, pensava que seria como me juntar a uma gangue. Veja bem, nas gangues não éramos apenas legais uns com os outros uma vez por semana; nós éramos como uma família". Aquilo me matou por dentro porque eu sabia que ele esperava algo que a igreja deveria mesmo ser. Fiquei muito triste ao pensar que uma gangue poderia representar melhor os conceitos de compromisso, lealdade e família, em comparação a uma igreja local.

A igreja foi criada para ser um lindo lugar de comunhão. Um lugar onde a prosperidade é compartilhada e que, quando alguém sofre, todos sofrem juntos. Um lugar onde, quando alguém se alegra, todos se alegram também. Um lugar onde todos experimentam amor verdadeiro e aceitação, mesmo acreditando sinceramente em nossa fragilidade. No entanto, na maior parte do tempo essa não é, nem de perto, uma descrição adequada para a situação de nossas igrejas.

Sem o Espírito de Deus em nosso meio, operando em nós, guiando-nos, vivendo e amando por nosso intermédio, nunca seremos o tipo de pessoa capaz de construir esse tipo de comunidade. Não existe esse negócio de cristão verdadeiro que não tenha o Espírito Santo habitando nele, ou de igreja de verdade sem a orientação do Espírito. É simplesmente impossível. Mas nós, em termos individuais ou coletivos, podemos extinguir ou impedir a ação do Espírito em nossa vida ou por nosso intermédio.

Quanto a mim, estou cansado de falar sobre o que devemos fazer, sobre a importância de ajudar as pessoas, de discutir e debater sobre formas de assumir uma atitude radical e fazer sacrifícios. Não quero mais me limitar a falar. A vida é curta demais. Não quero falar sobre Jesus; quero conhecê-lo cada vez mais. Quero ser como Jesus para as pessoas. Não quero apenas escrever sobre o Espírito Santo; desejo sentir sua presença em minha vida de uma maneira profunda.

Certa vez, a liderança da Igreja Cornerstone começara a fazer a pergunta: "Por que não vivemos como os cristãos da igreja primitiva?". Em Atos 2:42-47, lemos o seguinte:

> Eles se dedicavam ao ensino dos apóstolos e à comunhão, ao partir do pão e às orações. Todos estavam cheios de temor, e muitas maravilhas e sinais eram feitos pelos apóstolos. Os que criam mantinham-se unidos e tinham tudo em comum. Vendendo suas propriedades e bens, distribuíam a cada um conforme a sua necessidade. Todos os dias, continuavam a reunir-se no pátio do templo. Partiam o pão em suas casas, e juntos participavam das refeições, com alegria e sinceridade de coração, louvando a Deus e tendo a simpatia de todo o povo. E o Senhor lhes acrescentava diariamente os que iam sendo salvos.

A partir dali, iniciou-se um tempo maravilhoso de comunhão, durante o qual nossa liderança colocou "tudo" aos pés uns dos outros. Entregamos as chaves de nossos carros, de nossas casas e o segredo de nossas contas bancárias. Eles me olhavam nos olhos e diziam: "O que é meu é seu. Se alguma coisa acontecer a você, eu o apoiarei e cuidarei de seus filhos *do mesmo modo* que eu cuido dos meus. Serei seu seguro de vida". E, pelo fato de eles terem um histórico de sacrifício genuíno pelo evangelho, eu acreditei no que diziam.

A partir dali, começamos a procurar alguns de nossos amigos na congregação para falar de nosso compromisso com eles. E agora essa mentalidade está se disseminando. Uma nova vida permeia a igreja à medida que as pessoas reforçam o que dizem com seu sacrifício pessoal. Carros e casas foram vendidos ou doados. Férias caras são substituídas com alegria pelo cuidado de uns com os outros. As pessoas estão sendo acolhidas nas casas de seus irmãos na fé — não apenas para refeições, mas para morar ali. Esse é um pequeno exemplo das coisas que acontecem quando as pessoas começam a caminhar no Espírito e pedem a ele que influencie cada área de sua vida.

Acabo de falar a respeito de algo que um pequeno grupo de uma igreja de uma cidade de um país está fazendo. Como seria se as pessoas começassem a caminhar no Espírito, entregando tudo a ele? Sonhe um pouco comigo. Isso pode variar um pouco de acordo com a cultura de cada região do mundo. O Espírito Santo orientará os cristãos de Pequim a realizar coisas diferentes das que os irmãos da Inglaterra ou da Argentina farão.

Isso é apenas uma pista do que acontece quando começamos a viver, de fato, na dependência do Espírito Santo. Para nós, da Igreja Cornerstone, é apenas o começo.

**Forte ou forçado?**

Quando leio o livro de Atos, vejo a igreja como uma força em movimento. Nada podia frustrar o que Deus estava fazendo, como Jesus anunciara: "... as portas do Hades [inferno] não poderão vencê-la" (Mt 16:18). A igreja era poderosa e se espalhava como fogo, não porque tivesse um planejamento inteligente, mas porque era um movimento do Espírito. Tumultos, torturas, pobreza ou qualquer outro tipo de perseguição não eram suficientes para impedir esse movimento. Não é esse o tipo de movimento do qual todos nós, como igreja, queremos participar?

Muito do que vemos hoje é qualquer coisa, menos um movimento que nada pode parar. Pelo contrário. Ele pode facilmente se desviar do foco por causa da passividade de um pastor, de uma divisão interna na igreja ou de cortes no orçamento. As igrejas construídas pelo esforço das pessoas, e não na força do Espírito Santo, logo sucumbem quando lhes falta a motivação que só nós podemos oferecer. Passei anos pedindo a Deus para participar de qualquer coisa que eu estivesse fazendo. Quando leio o livro de Atos, vejo pessoas privilegiadas por desempenhar um papel no que Deus estava fazendo.

Certa vez, tivemos um debate sobre como resolver alguns dos problemas evidentes de nossa igreja. Um de nossos pastores disse: "Acho que nos estamos esforçando demais". Ele prosseguiu, falando das coisas sobrenaturais que aconteceram em sua vida de oração. Àquela altura, resolvemos parar de falar e pensar. Passamos a hora seguinte orando com intensidade. Ninguém "voltou para o trabalho" naquele dia. Sempre temos tempo para pensar, criar e agir de maneira correta, usando os dons que Deus nos concedeu, mas é muito raro encontrar tempo para orar (muito menos para começar e terminar um período de oração e permitir que ele influencie tudo quanto fazemos). Oremos para que Deus erga sua igreja, uma força em movimento, capacitada e sustentada pelo Espírito Santo.

Não importa onde você mora e como é sua rotina diária, você tem a opção, a cada dia, de depender apenas de si mesmo para viver em segurança, tentando manter o controle de sua vida. Ou, então, pode viver da maneira que foi criado para viver: como um templo do Espírito Santo de Deus; como uma pessoa dependente dele, que clama pela manifestação do Espírito e que faz diferença. Quando você começa a viver uma vida cuja principal característica é a caminhada ao lado do Espírito Santo, as pessoas começam a olhar não para você, mas para nosso Pai que está no céu, e a louvá-lo.

Minha oração ao escrever este livro é que ele não sirva apenas para acrescentar conhecimento. Talvez soe estranho, mas estou sendo sincero. É muito comum, nos círculos cristãos, falarmos sobre a verdade, em vez de aplicá-la em nossa vida. Ouvimos um sermão incisivo, discutimos no almoço sobre como foi "grande" ou "poderoso", e depois nunca mais pensamos a respeito daquilo, menos ainda permitimos que o Espírito Santo nos transforme por meio daquela mensagem.

A verdade é que o conhecimento, por maior que seja, não é necessariamente proporcional à espiritualidade. O conhecimento pode nos levar a uma intimidade maior e a um relacionamento mais profundo com Deus, mas não significa que esse seja seu efeito automático.

As Escrituras ensinam que, se você sabe o que deve fazer e não faz, então está pecando (cf. Tg 4:17). Em outras palavras, quando nos enchemos de conhecimento e não o aplicamos em nossa vida, estamos, na verdade, pecando. Você pode achar que aprender mais *sobre* Deus é uma coisa boa... e pode ser mesmo. No entanto, quando adquirimos conhecimento *sobre* Deus sem aplicar esse conhecimento no serviço dele ou não assimilamos sua verdade em nossa vida, então a coisa deixa de ser tão boa. Segundo a Bíblia, vira pecado.

Que nunca nos limitemos a adquirir conhecimento. Em vez disso, como aprendemos neste livro, devemos crescer, confessar e nos transformar cada vez mais nas pessoas que fomos criados para ser pelo poder do Espírito Santo que habita em nós. "Pois o Reino de Deus não é comida nem bebida, mas justiça, paz e alegria no Espírito Santo" (Rm 14:17).

## A última biografia

E se esta última biografia fosse a sua? O que poderia se escrever aqui? Será que leríamos relatos sobre a obra do Espírito Santo em sua vida ou histórias sobre o que você realizou por esforço próprio? Não fique desapontado se não há muita coisa a se falar sobre a ação do Espírito Santo em seu passado. Ore agora mesmo com fé. Peça a Deus que opere de maneira tão poderosa, por intermédio de seu Espírito, que você possa um dia escrever uma biografia impressionante — uma biografia que fale de uma vida tão sobrenatural que ninguém jamais pense em dar a você a glória por ela; uma biografia que demonstre o poder do Espírito Santo e exalte o nome de Jesus, para a glória de Deus Pai. Amém.

# *Uma palavra de encerramento*

Minha esperança e minha oração em relação a você, leitor, é que as pessoas que frequentam igreja não o tentem normatizar. O que quero dizer é o seguinte: geralmente tentamos refrear o entusiasmo de pessoas que são muito passionais ou radicais. Sei que às vezes faço isso com os outros. E já fiz comigo também.

Há alguns anos, durante um jantar, sentei-me ao lado de um homem que dirige uma organização que denuncia o tráfico de crianças. Ele descreveu como essas crianças — a maioria delas vendida ou raptada para o comércio do sexo — são estupradas e sofrem abusos toda noite, dia após dia, sem ter ninguém que as defenda e sem encontrar saída.

Naquela noite, fiquei deitado na cama acordado por várias horas — literalmente — e imaginei meus próprios filhos naquela situação. Talvez fosse uma coisa estúpida para se fazer, mas de repente comecei a chorar, e não conseguia mais tirar aquelas imagens de minha mente. Comecei a pensar sobre o que eu faria se isso realmente acontecesse com minha filhinha. Sei que eu faria de tudo para salvá-la. Eu mobilizaria todas as pessoas que conheço e usaria todos os meios disponíveis para contar com a ajuda delas. Deitado ali na cama naquela noite, pensava cada vez mais em tudo o que faria para salvar minha garotinha.

Foi então que aconteceu uma coisa. Não sou daquele tipo de pessoa que costuma ouvir a voz de Deus de maneira clara e distinta (embora conheça algumas pessoas assim), mas naquela noite o Espírito de Deus me disse: "Quero que você os ame como se fossem seus próprios filhos". Aquilo mexeu muito comigo. Afinal de contas, se eu tratasse aquelas crianças como se fossem meus filhos, não deixaria de orar por elas. Também não cessaria de pedir apaixonadamente às pessoas que encontrassem maneiras de buscá-las e resgatá-las. Chorei durante horas. Imaginar meus filhos sendo vítimas de abuso era algo insuportável. Agora eu estava em uma missão. Uma missão divina.

Lembro-me de ter voltado a Cornerstone para "reunir as tropas". Eu estava tão inflamado que contagiava os demais. No entanto, conforme os meses se passaram, eu me distraí. As pessoas à minha volta começaram a me refrear no que diz respeito ao tráfico de crianças para o comércio sexual. Elas diziam: "Francis, você não pode salvar o mundo sozinho"; e: "Você já está fazendo muito. Não exija demais de você". E a paixão que acredito ter recebido de Deus pelas crianças vítimas desse tipo de tráfico foi aos poucos arrefecendo dentro de mim.

Coisas assim acontecem o tempo todo. Como igreja, temos a tendência de fazer isso com as pessoas que demonstram muita paixão e ousadia. Nós as refreamos. Em Atos 4:13, lemos a respeito da igreja primitiva, que fazia justamente o contrário. Pedro e João testemunharam diante do Sinédrio, e "vendo a coragem de Pedro e de João, e percebendo que eram homens comuns e sem instrução, ficaram admirados e reconheceram que eles haviam estado com Jesus".

As pessoas ficaram espantadas diante da coragem daqueles homens, mesmo não tendo instrução. Logo depois de serem libertados, Pedro e João reencontraram os outros cristãos e oraram para que Deus lhes acrescentasse ousadia e coragem (At 4:29). Duas das pessoas mais ousadas da época (João e Pedro) estavam pedindo por mais ousadia!

Por que não fazemos o mesmo hoje? Descobri que geralmente fazemos o contrário. Em vez de incentivar as pessoas que estão realizando coisas corajosas para Deus e nos juntarmos a elas no processo de discernimento de como ser mais fiéis ao chamado divino, dizemos a elas que devem *pegar leve* e *baixar o ritmo*. Em vez de nos admirarmos com a coragem dos cristãos, frequentemente (e infelizmente) me admiro com a timidez e a falta de ousadia dos cristãos. Que grande contraste com o modelo bíblico que recebemos!

Certa vez, ao pregar em um acampamento de verão, estava presente o representante de uma das organizações que patrocinam o desenvolvimento de crianças. Aquele voluntário me contou sobre uma jovem de dezesseis anos que estava naquele acampamento. Só ela sustentava cartorze crianças. Fiquei admirado com aquilo. Catorze crianças (a mais ou menos R$ 50,00 mensais cada) era um bocado de dinheiro para uma estudante adolescente.

Conversei com aquela garota e perguntei a ela como fazia aquilo. Ela me disse que trabalhava o ano todo e conseguia três empregos no verão para sustentar as crianças. Enquanto outros adolescentes economizam para comprar um carro, ela está salvando vidas! Em vez de gastar o dinheiro suado que ganha em coisas para si mesma e investir em seu futuro, ela o doa a catorze crianças porque acredita que Deus as ama do mesmo modo que ama aquela adolescente.

Minha oração é que os frequentadores de igreja não a impeçam de cumprir seu chamado; que não lhe digam coisas como: "Você precisa mesmo é começar a pensar em si a partir de agora.

Seu futuro e sua educação são importantes. O que você tem feito é muito bom, mas está na hora de pensar em seu futuro". Talvez aquela jovem mantenha sua convicção de que as crianças que patrocina são tão importantes quanto ela... talvez não seja convencida a abrir mão de seu amor e de seu sacrifício.

Faz algum tempo, eu e minha esposa resolvemos abrir mão de todos os direitos de meu livro anterior, *Louco amor*[5] e doar o dinheiro ao Fundo Isaías 58. Toda a renda vai para as pessoas necessitadas do mundo: os famintos, os doentes, os pobres e aqueles que são vítimas do comércio sexual. Chegamos à conclusão de que, se guardássemos todo esse dinheiro, acabaríamos gastando em coisas que não precisamos. Sabíamos que, no longo prazo (isso já tem alguns anos), não nos arrependeríamos. Em contrapartida, se comprássemos coisas que não durariam na terra, sentiríamos decepção e remorso.

Fiquei um pouco chocado e desencorajado com algumas reações a essa decisão que tomamos. Algumas pessoas nos disseram que estávamos sendo tolos e irresponsáveis com os dons concedidos por Deus. Falaram que deveríamos ter guardado pelo menos parte do dinheiro para alguma emergência. Minha resposta era a seguinte: "E não é um caso de emergência o fato de crianças no Camboja, na Tailândia e até nos Estados Unidos estarem sendo estupradas todos os dias? Por que não seria uma emergência?". Acho que a igreja costuma ensinar, sem se dar conta disso, que o tráfico de seres humanos para o comércio sexual não é uma emergência. E acredito que isso seja um pecado. Uma emergência só pode ser considerada como tal se afeta minha vida ou minha família?

Não estou dizendo que todo mundo deve entregar todo o dinheiro que ganha para patrocinar crianças. Ou que todos os escritores precisam criar um fundo com o dinheiro dos *royalties* de seus livros. Ou que todas as pessoas têm de se envolver com organizações que trabalham contra o comércio sexual. O que estou dizendo, na verdade, é que, em vez de pensar e dizer às pessoas que elas estão loucas quando sentem que o Espírito as está direcionando a fazer algo que não faz necessariamente sentido para nós, deveríamos nos juntar a elas nesse processo de discernimento. Em vez de desencorajá-las, precisamos orar por mais sensibilidade e ousadia. Em vez de refrear o ímpeto das pessoas que seguem a orientação do Espírito com nossas palavras e nossas ações, devemos celebrar e nos unir ao movimento do Espírito Santo nelas e por intermédio delas.

Não se trata de uma maneira específica de viver radicalmente, e sim de discernir a voz do Espírito e obedecer a ela, especialmente quando ele pede a você que faça algo difícil, um pouco além do que é considerado "normal" e que exige sacrifício. É uma coisa que tem dois desdobramentos: tem tanto que ver com incentivar os outros a obedecer à direção do Espírito Santo quanto com a ouvir e obedecer à sua orientação em nossa própria vida. Você se sente ousado e cheio de poder? Não importa se a sua resposta é "sim" ou "não", todos precisamos pedir por mais coragem e ousadia.

Por fim, só quero usar os últimos parágrafos para orar com você, leitor.

> Espírito Santo, sabemos que temos falhado com o senhor. Por favor, perdoe-nos por entristecê-lo, por resistir e por extingui-lo. Nós resistimos quando pecamos, quando nos rebelamos ou quando endurecemos o coração. Às vezes, somos espiritualmente cegos. Outras vezes, sabemos o que o senhor quer que façamos, mas optamos por ignorar seus sinais. Mas não é assim que queremos viver agora.

Precisamos que o senhor nos transforme. Somente por seu intermédio podemos orar em verdade. Espírito de Deus, só o senhor pode nos levar a um lugar de adoração genuína, pois é o Espírito da verdade, o Espírito da santidade, o Espírito da vida. Obrigado pela verdade, pela santidade e pela vida que nos concede.

Precisamos de sua sabedoria e de seu discernimento à medida que vivemos esta vida. Livre-nos da descrença, do medo. Precisamos de sua força para nos ajudar a fazer o que precisamos e a viver da maneira que o senhor deseja que vivamos. Fale claramente ao nosso coração, calando outras vozes que nos tentam convencer a aceitar os padrões deste mundo.

O senhor é o Espírito do domínio próprio e do amor. Dê-nos o domínio próprio de que precisamos para negar nossa carne e, assim, possamos segui-lo. Dê-nos um amor tão grande que nos motive a agir com coragem. Manifeste-se por nosso intermédio para que possamos servir e amar sua noiva, a igreja, como o senhor a ama.

Venha, Espírito Santo, venha. Ainda não sabemos exatamente o que isso significa para cada um de nós, nos lugares específicos que o senhor nos chamou para viver. Contudo, independentemente do que isso significar, pedimos por sua presença. Venha, Espírito Santo, venha.

# *Notas*

[1] Veja o *site* <*www.JoniandFriends.org*>.

[2] Veja os *sites* <*www.Rationalpi.com/theshelter/* e *www.Labri.org*>.

[3] Esther Ahn KIM, *If I Perish* [Se eu perecer], Chicago: Moody Publishing, 2001.

[4] Veja o *site* <*www.chfus.org*>.

[5] São Paulo: Mundo Cristão, 2009.

Compartilhe suas impressões de leitura escrevendo para:
opiniao-do-leitor@mundocristao.com.br
Acesse nosso *site*: www.mundocristao.com.br


*Diagramação:* Triall Composição Editorial Ltda
*Fonte:* Adobe Garamond
*Revisão:* Josemar de Sousa Pinto

www.ingramcontent.com/pod-product-compliance
Ingram Content Group UK Ltd.
Pitfield, Milton Keynes, MK11 3LW, UK
UKHW040636290826
14793UKWH00002B/135

9 786559 880676